Thèse
POUR LE DOCTORAT

L'acte public sur les matières ci-après sera soutenu
Le Jeudi 20 décembre 1855, à une heure,

PAR

Antoine-Hippolyte LELIGOIS

Président : **M. BONNIER**, Professeur.

Suffragants.
{ **MM. PELLAT,**
DURANTON,
DUVERGER, } Professeurs.
FERRY, Suppléant.

Le Candidat répondra en outre aux questions qui lui seront faites sur les autres matières de l'enseignement.

PARIS

IMPRIMERIE DE J.-B. GROS, RUE DES NOYERS, 74

1855

A MA GRAND'MÈRE,

A MON PERE.

DROIT ROMAIN.

DU SÉNATUS-CONSULTE MACÉDONIEN.

(Instit. lib. 4, tit. 7, 7 ; Dig. lib. 14, tit. 6 ; Cod. lib. 4, tit. 28).

I. SA DATE.

Ce sénatus-consulte a-t-il été rendu sous Claude ou sous Vespasien ? Il y a eu controverse à cet égard. Tacite nous apprend que, sous Claude, une loi réprima l'avidité des créanciers, *ne in mortem parentum pecunias filiis familias darent* (ann. 11, 13). D'après Suétone, Vespasien fit décréter par le sénat, *ne filiorum fœneratoribus exigendi jus crediti unquam esset, vel ne post patrum quidem mortem* (Vesp, 11). Il est vraisemblable que Suétone et Tacite savaient ce qu'ils disaient, et que la loi dont parle Tacite étant tombée en desuétude au temps de Vespasien, alors on fit le sénatus-consulte appelé Macédonien.

1

II. ÉTYMOLOGIE.

Suivant Cujas (ad tit. 29, 4, C.), Doneau (Comment. Dig. lib. 12, cap. 24.), Pothier (art. 1, n° 1, note *a*.), *Macedo* fut un célèbre usurier. Au contraire Théophile, l'un des rédacteurs des instituts, raconte dans sa paraphrase que *Macedo* fut un fils de famille débauché. Cette interprétation, d'ailleurs plus conforme aux lois de la grammaire (v. D. de S. C. maced. l. 1, pr.), a été suivie par Claude Ferrière (Instit.) et Huineccius (Element. jur. civil.)

III. SON BUT ET SES EFFETS.

Le sénatus-consulte macédonien a restreint notablement la capacité des fils de famille.

Il est dit dans la loi 39 *de obl. et act.*, que les fils de famille peuvent s'obliger et être actionnés tout aussi bien que les pères de famille. Or le sénatus-consulte macédonien dénie toute espèce d'action à quiconque aura donné de l'argent en *mutuum* à un fils de famille.

Le fils de famille étant, de droit commun, capable de s'obliger, le créancier a contre lui l'action née du contrat. En outre, il a, contre le père, l'action *de peculio* (D. l. 44, de peculio). Mais le créancier qui a enfreint le sénatus-consulte n'a d'action ni contre le fils, ni contre le père. Cette spoliation est-elle utile ? Est-elle juste ?

Toute convention qui rend la mort d'un homme souhaitable à un autre homme est odieuse, et à quelques exceptions près, ces conventions ont toujours été réprimées par les lois. Les fils de famille, empruntant de l'argent à des taux usuraires, contractaient ou alimentaient des habitudes désordonnées : l'homme débauché est naturellement ennemi de la dépendance au sein de la famille ; le crédit s'use à force d'emprunts ; l'horreur du crime s'émousse à force de débauches ; peut-être le créancier pouvait-il faire incarcérer le fils de famille son débiteur : il ne fut pas rare de voir des fils attenter à la vie de leur père, s'affranchissant d'un joug odieux, et mettant la main sur une hérédité ardemment souhaitée.

Une constitution de Justinien au Code (de pactis, l. 30,) annule, comme immorale et dangereuse, toute convention ayant pour objet l'hérédité d'un homme vivant, à moins que le *de cujus* ne s'y prête et ne persévère dans son consentement jusqu'à sa mort. Au cas de prêt d'argent à un fils de famille, même danger et plus odieux : protéger la vie des pères en tarissant la source des désordres de leurs enfants, tel est le but du sénatus-consulte. Voilà son utilité ; mais où est sa justice ?

Au temps de Vespasien, peu de fils de famille

avaient un patrimoine, et, comme en droit romain, en règle générale, le chef de la famille n'est pas tenu à raison des obligations contractées par les personnes vivant sous sa puissance, la créance de celui qui avait un fils de famille pour débiteur était fort incertaine. La mort du père mettait un terme à cette incertitude. Mais spéculer sur la mort du père, c'était bien hasardeux, car le père pouvait exhéréder son fils, ou laisser un patrimoine amoindri ou absorbé par les dettes, ou sa mort être précédée de celle du fils. Donc, suivant toute vraisemblance, quiconque prêtait de l'argent à un fils de famille avait soin d'attacher au *mutuum* la stipulation d'énormes intérêts, et l'on sait qu'à Rome, l'intérêt légal était de 12 pour 100. S'il est vrai que la soif des jouissances matérielles qu'on assouvit, irrite par l'entremise de l'or, est la cause de presque tous les crimes, il semble que le sénatus-consulte macédonien n'est que juste à l'égard de cette espèce d'usuriers doublement odieuse contre laquelle il sévit.

D'ailleurs, le contrat fait en violation du sénatus-consulte n'est point absolument nul. Si l'emprunteur n'est pas tenu suivant le droit civil, du moins il l'est naturellement (V. D. l. 10 ad s. c. maced.).

Par conséquent, celui qui a payé ne peut exercer *la condictio indebiti* (V. D. l. 9, § 5).

Par conséquent, le contrat peut être garanti per-

sonnellement ou réellement, c'est-à-dire par fide-
jusseurs ou par un contrat de gage ou d'hypothèque (V. D. l. 9, § 3 ad s. c. maced., l. 2 quæ res
pignori).

Enfin l'obligation naturelle peut être transformée
en une obligation civile par délégation, expromission ou par un pacte de constitut (D. l. 19 de novat.,
l. 20 ad s. c. maced.).

Il y a d'autres événements encore qui font cesser
l'application du sénatus-consulte, j'indique ici les
plus saillants.

IV. QUI PEUT L'INVOQUER ?

1° Le fils de famille, c'est-à-dire toute personne
libre qui est *alieni juris* au moment du contrat;

2° Le père de famille (D. l. 7, § 10, C. l. 6 pr.;
nonobst. l. 1 C. ne fil. pro parte);

3° Les fidéjusseurs et débiteurs hypothécaires
s'ils ont intercédé comme mandataires ou comme
gérants d'affaires : parce que s'ils ne pouvaient l'invoquer ils auraient recours contre le fils, et le sénatus-consulte serait indirectement éludé (D. l. 9,
§ 3);

4° Les héritiers (D. l. 7, § 10).

Le préposant du fils de famille *institor* est tenu
civilement (D. l. 7, § 11).

V. CONTRE QUI ?

Contre celui qui a fait le prêt et ses successeurs
(D. l. 7, § 6).

VI. PROCÉDURE ?

Nous verrons que le sénatus-consulte n'était opposable qu'aux créanciers de mauvaise foi. D'autre part, si le père de famille avait autorisé l'emprunt ou en avait profité, le contrat produisait son effet ordinaire : l'action.

Donc, si le créancier alléguait avoir prêté de bonne foi, ou l'enrichissement ou l'adhésion du père de famille au contrat, il avait action. Seulement, si le débiteur niait les faits prétendus, l'exception du sénatus-consulte macédonien était insérée dans la formule.

Que si le créancier prétend simplement avoir donné de l'argent en *mutuum* à un fils de famille, il n'aura pas action.

Voilà comment le texte du sénatus-consulte et celui des Instituts où il est parlé de refus d'action se concilient avec les fragments des jurisconsultes qui, pour la plupart, ne parlent que de l'exception (Comp. D. de jurej. l. 9 pr.). Au premier abord, on a peine à comprendre l'utilité de l'exception, car l'exception est une restriction à l'*intentio* : elle n'a donc besoin d'étredemandée qu'autant qu'il est donné une action au créancier ; or le texte du sénatus-consulte refuse action au créancier.

Les actions que le magistrat délivrera ou refusera suivant les circonstances de fait, sont : la *condictio certi ex mutuo* contre le fils, la même *de peculio* contre le père, la *condictio certi ex stipulatu* contre les fidéjusseurs, l'action de mandat contre les *mandatores pecuniæ credendæ*. Ajoutons l'action *ad exhibendum*, dans certains cas. Voilà pour les actions personnelles. Quant aux actions réelles, mentionnons la revendication, également dans certains cas, et l'action hypothécaire, si le contrat a été garanti par la prestation d'une sûreté hypothécaire.

VII. DURÉE DU DROIT D'INVOQUER LE SÉNATUS-CONSULTE

L'exception du sénatus-consulte macédonien peut être opposée par ceux à qui elle compète, à toute époque, même après que le fils est devenu *sui juris* et même après la mort du père.

Cette exception et celle du sénatus-consulte Velléin sont perpétuelles à un si haut point, qu'au lieu que les autres exceptions appelées perpétuelles ne peuvent plus être opposées après qu'il y a eu sentence non suivie d'appel, ces deux-ci sont toujours opposables et avant et après la sentence (D. 1. 14, ad s. c. m., v. C. 1 2, sentent. rescind). Ainsi, le fils de famille est actionné; il néglige de se prévaloir du bénéfice du sénatus-consulte ; de là condamnation contre lui : il n'en est pas moins recevable à opposer l'exception du sénatus-consulte contre l'action *judicati*. Mais si, devenu *sui juris*, il se rend coupable des mêmes faits de négligence, je vois dans sa conduite une ratification tacite de l'engagement, et comme à ce moment il est en droit de ratifier, je pense que la loi 11 n'a pas été faite en prévision de cette hypothèse.

VIII. SON OBJET.

Le sénatus-consulte macédonien n'a pas rendu les fils de famille incapables de contracter, mais seulement le fils n'est pas tenu civilement quand ce qui a été donné est *pecunia mutua*, c'est-à-dire quand le *mutuum* a pour objet une somme d'argent : le mot *pecunia* est ici employé restrictivement comme synonyme de *pecunia numerata* (D. 1. 7, § 3).

Il n'y a pas à distinguer si le *mutuum* est gratuit, ou si une convention d'intérêts y a été jointe. L'opération est suspecte par cela seul que ce qui est dû est de l'argent et que le débiteur est un fils de famille (D. 1. 7, § 9).

Ce que le sénatus-consulte réprouve, c'est la dation en mutuum. Donc, peu importe que le fils de famille ayant dessein d'emprunter, sa promesse ait précédé le prêt. Ce qu'il faut considérer, c'est à quelle époque la somme a été comptée (D. 1. 3, § 4).

Rien n'empêche que le fils de famille s'oblige comme fidéjusseur accessoirement à un acte de prêt (D. 1. 7, pr.).

Si le fils de famille, en même temps qu'il a emprunté, s'est constitué codébiteur solidaire, il n'est pas tenu, ni comme débiteur principal, cela est évident, ni comme fidéjusseur, car la fidéjussion ne se présume pas entre débiteurs solidaires (v. Cujas ad l. 11, D. de duob reis).

Les jurisconsultes refusent quelquefois action à celui qui a donné en *mutuum* autre chose que de l'argent, par exemple du blé, du vin, de l'huile, ou qui se dit créancier autrement qu'en vertu d'un *mutuum*, soit une vente ou un échange, tandis que dans certains cas, le *mutuum* ayant pour objet une somme d'argent produit tous les effets civils.

Est nulle toute opération qui a servi à dissimuler un prêt d'argent, quelle que soit sa cause, quel que soit son objet apparent (D. 1. 3, § 3, 1. 7, § 3).

Pour savoir si l'opération est réprouvée par le sénatus-consulte, ce n'est pas l'étiquette de l'action, mais sa cause première qu'il faut considérer. Un fils de famille vous doit cent *ex causa empti* ; il vous prie qu'il lui soit permis de retenir cette somme *ex causa mutui*, et vous y consentez. Vous aurez contre lui la *condictio ex mutuo*, sans que l'exception du sénatus-consulte puisse en paralyser l'effet (C. l. 3).

IX. EXCEPTIONS A SON APPLICATION.

Les jurisconsultes romains, toujours habiles, par des distinctions et déductions équitables et savantes, à faire de la volonté du législateur la juste application aux espèces les plus variées, ont maintenu l'obligation, toutes les fois qu'ils le pouvaient sans exposer la vie du père, toutes les fois aussi que le contrat avait lieu sans dol ou faute à reprocher au créancier.

De là des exceptions nombreuses à l'application du sénatus-consulte.

Le sénatus-consulte est applicable, quel que soit l'âge ou le sexe de l'emprunteur; je suppose qu'il est majeur (v. l'appendice, p. 35 s.), de quelque dignité qu'il soit revêtu : il suffit, qu'au moment du prêt, il fût soumis à la puissance paternelle (D. l. 1 § 3, l. 9, § 2).

Les événements extinctifs de la puissance paternelle sont nombreux. Ce n'est pas ici le lieu de les exposer avec détails (v. Instit. lib. 1, tit. 12).

Première cause d'exception à l'application du sénatus-consulte : la possession de certains pécules par le fils de famille.

Le fils qui a un pécule *castrans* en est propriétaire : à l'égard des biens qui composent ce pécule,
il est censé père de famille. C'est pourquoi, le fils
qui a emprunté de l'argent et qui a un pécule *castrans* peut être poursuivi jusqu'à concurrence de ce
qu'il y a dans ce pécule, en sorte que s'il y a 100,
que la dette soit de 200, le créancier peut demander 100 (D. 1. 1, § 3, l. 2).

Celui qui a un pécule *quasi-castrans* était vraisemblablement tenu pour tout ce qui n'excédait pas
les forces de ce pécule, car ce pécule était généralement assimilé à son aîné (v. D. de collat. bon.,
l. 1, § 15, C. de inoff. testam., l. 37, § 1).

Tel est le droit des Pandectes; mais dans une
constitution au Code, Justinien décide que l'emprunt contracté par un fils de famille militaire produit tous les effets civils, que ce militaire ait ou
non un pécule *castrans* (C. l. 7, § 1).

Que décider relativement au fils qui a l'administration et la jouissance de son pécule adventice?
question douteuse. Je crois que le fils pouvait emprunter dans l'intérêt de ce pécule.

Deuxième cause d'exception : la juste erreur du
créancier.

Le sénatus-consulte châtie durement le créancier.
Il le punit d'une spoliation juste sans doute, mais
pourvu qu'il y ait eu délit, c'est-à-dire dol ou faute
du créancier (l. 19 D.).

Si le fils de famille majeur a emprunté d'un mineur de vingt-cinq ans, le mineur sera restitué contre le contrat, à moins qu'il ne soit prouvé contre lui qu'il savait la condition de celui avec qui il contractait ou qu'il connaissait le sénatus-consulte (D. l. 3, § 1, ad s. c. m., l. 11, § 7, de min.).

Le sénatus-consulte n'est pas applicable quand c'est un pupille qui a donné en *mutuum* sans y être autorisé par son tuteur ; car 1° non plus que le mineur, et à plus forte raison, il n'est pas tenu de connaître le droit ; 2° il ne peut faire le contrat de *mutuum* sans l'autorisation du tuteur, toute aliénation, quelque minime ou avantageuse qu'elle soit, lui étant interdite. Il pourra donc revendiquer, ou intenter la *condictio* ou l'action *ad exhibendum*, suivant les cas (D. l. 3, § 1, I. lib. 2, tit 8, § 2).

Si le créancier et le débiteur sont tous deux mineurs ou pupilles, le créancier peut revendiquer à moins qu'il ne reste rien de la chose prêtée au jour de la *litis contestatio* (D. de min. l. 34 pr).

En règle générale, les cités jouissent des mêmes priviléges que les pupilles et les mineurs, notamment du bénéfice de la restitution *in integrum* contre les contrats passés par leurs représentants. Cependant, d'après un rescrit des empereurs Sévère et Antonin, le sénatus-consulte est applicable aux prêts faits par les cités (D. l. 15 ad s. c. m., C. q. ex caus. min. l. 4).

Le sénatus-consulte n'est pas applicable, si le créancier ignorait contracter avec un fils de famille, non qu'il fût dupe par trop de simplicité ou qu'il ignorât le droit, mais parce qu'il a été joué par l'emprunteur, et tous ses efforts ont été vains pour découvrir la vérité (C. l. 1).

De même, si l'emprunteur était en possession publique de l'état de père de famille, c'est-à-dire passait pour tel, agissait comme tel (D. l. 1 pr., § 1).

Quelquefois l'erreur est une cause d'extinction des obligations, quelquefois elle en est le support ; elle joue un grand rôle dans toutes les parties du droit, mais cela n'est pas de mon sujet.

Disons seulement que le sénatus-consulte Velleien, protecteur des intérêts de la femme, a pris aussi en considération la juste erreur du créancier. Exemple : une femme a emprunté en son nom, mais en réalité dans l'intérêt d'un tiers : le jurisconsulte décide qu'elle est tenue. Autrement nul ne s'exposerait à contracter avec une femme. D'ailleurs le sénatus-consulte Velleien a pour but de protéger les femmes trompées, non les femmes qui trompent, secourir leur faiblesse et non aider à leur ruse (V. l. 11, 12, l. 2, § 3, D, ad s. c. Vell.)

Voici deux décisions d'Ulpien que je ne saurais approuver.

Deux créanciers solidaires ; l'un sait que l'emprunteur est fils de famille. L'exception du sénatus-

consulte est opposable à tous les deux (D. l. 7, § 7).
La raison de cette décision peu équitable est que
l'obligation corréale, multiple au point de vue des
sujets du droit, est une au point de vue de l'objet :
il y a plusieurs créanciers, mais il n'y a qu'une
créance, qu'une action, laquelle appartient au premier occupant ; donc quand une obligation est
éteinte vis-à-vis de l'un des créanciers, elle est
éteinte vis-à-vis de tous les autres, et sans qu'il y
ait à distinguer entre les modes d'extinction à titre
onéreux et l'acceptilation qui cache une libéralité
sous une fiction de paiement. Or, dans l'espèce,
l'un des créanciers connaissait la condition de
l'emprunteur fils de famille ; donc l'obligation est
éteinte vis-à-vis de lui ; donc elle est éteinte vis-à-
vis de tous les deux. Tout cela est subtil et aboutit à
cette conclusion peu satisfaisante que l'innocent sera
puni avec le coupable. J'imagine que la solution
d'Ulpien dans cette loi 7, § 7, n'eût pas été suivie
par ceux des jurisconsultes romains qui n'admet-
taient pas que la novation avec l'un des créanciers
solidaires éteignît l'obligation vis-à-vis des autres.
(V. D. *de pactis*, l. 27 pr.).

Deux créanciers dont l'un est de bonne foi : l'un
a fait la numération des espèces, l'autre a stipulé.
L'action sera refusée à celui de bonne comme à
celui de mauvaise foi (D. l. 7, § 7). Et le présiden
Favre en donne cette raison (**Rationalia**) qu'il fau

prendre garde qu'un homme pervers puisse éluder le sénatus-consulte en s'adjoignant un complice qui serait, en stipulant, l'instrument innocent de la fraude. Mais pour atteindre un coupable, est-il juste de punir un homme qui n'a absolument rien à se reprocher?

J'approuve au contraire la décision de la loi 7, § 8, si on rectifie ce que le texte d'Ulpien a de trop absolu par l'application des principes généraux relatifs aux modes d'extinctions des obligations corréales. Deux fils de familles codébiteurs solidaires, un créancier. Ce créancier est de bonne foi vis-à-vis de l'un, de mauvaise foi vis-à-vis de l'autre; conserve-t-il ou perd-il son droit vis-à-vis de celui-ci seulement ou de tous les deux? question délicate. Ulpien fait une distinction : si l'argent a été touché par le fils de famille connu pour tel, le créancier est non recevable à demander action; elle lui sera délivrée au contraire dans l'hypothèse inverse (D. 1. 7, § 8). Il faut dire, par application des principes généraux à la première hypothèse, qu'il sera délivré action au créancier contre le fils de famille qui n'a rien touché de l'argent, parce que si l'autre débiteur est libéré, c'est en vertu de cette exception à lui toute personnelle, qu'il a reçu de l'argent en *mutuum*.

Troisième cause d'exception : le père a profité du prêt.

Il faut voir non quelle a été l'intention du fils en empruntant, mais quel a été l'événement : si le fils a emprunté de l'argent pour le dissiper, mais qu'il l'ait employé utilement pour le père, n'appliquez pas le sénatus-consulte. Il a emprunté à bonnes intentions, mais il a dissipé l'argent, appliquez le sénatus-consulte : *curiosus esse debet creditor quo vertetur* (D. l. 7, § 12, ad s. c. m.; l. 2, § 9, de in rem verso, nonobst. l. 2 C. ad s. c. m.).

Voici quelques applications de cette troisième cause d'exceptions :

Il y a obligation civile si l'argent du prêt a été employé à payer un créancier du père contre lequel celui-ci ne pouvait invoquer d'exceptions (D. l. 7, § 14).

De même si le fils de famille a employé l'argent du prêt à doter sa sœur ou sa fille (D. l. 17); et cela pour deux raisons : 1° d'après une constitution des empereurs Sévère et Antonin, c'est une obligation pour le père de famille de marier et de doter ses filles (l. 19, D. de ritu nupt.); 2° il peut, elles mourant pendant le mariage, répéter la dot par l'action *rei uxoriæ*, sauf au temps d'Ulpien, les rétentions du mari proportionnelles à ce qu'il y avait d'enfants (V. Ulp. reg. tit. 6, § 4), sans rétentions du mari dans le droit des Pandectes (V. l. 6 de jur. dot.).

Il faut voir si le fils a doté sa fille comme gérant

l'affaire du père ou comme gérant la sienne propre, et au premier cas, si le père eut donné autant ou s'il n'eut rien donné du tout (loi 7, § 5 ; l. 8, l. 9. D. de in rem verso). En effet, le père ne pouvait doter ses filles en fraude des créanciers, et vraisemblablement il n'était tenu de les doter que dans de certaines limites ; en outre, il n'était tenu de doter que les filles placées sous sa puissance.

Notons que la dot profectice fait retour au père, la fille venant à mourir dans les liens du mariage, qu'elle soit alors en puissance ou même émancipée, attendu que c'est le titre de père et non la puissance paternelle qui fait qu'une dot est profectice (V. les textes sur la dot traduits et commentés, p. 66 s.).

Le prêt engendre action s'il a pour cause les études du fils absent de la maison paternelle, ou des frais nécessaires, pourvu que l'absence du fils ait une cause honnête, telle que ses études ou le service de la république (D. l. 7, § 13 ; C. l. 5. de s. c. m., D. de solut. l. 47, § 1). Le créancier fera bien de surveiller l'emploi.

Qu'il prenne bien garde de ne pas prêter au delà de ce que le père avait coutume de fournir aux dépenses du fils : il s'exposerait à subir une réduction (D. l. 7, § 13 ; C. l. 5)

Quatrième cause d'exception : l'adhésion du père au contrat.

L'application du sénatus-consulte est écartée toutes les fois que le père a adhéré au contrat. Cette adhésion peut précéder le contrat ou le suivre, être expresse ou tacite.

Si le père a donné son consentement avant le contrat, il peut le révoquer tant que les choses sont encore entières, c'est-à-dire avant qu'il y ait eu dation, et à condition que le créancier reçoive avis de la révocation; autrement celui-ci pourrait invoquer une juste cause d'erreur (D. 1. 12).

Quand le prêt a pour cause les études du fils, il n'est pas réprouvé par le sénatus-consulte, et j'ai dit pourquoi. En voici une autre raison : en permettant à son fils de s'absenter pour cause d'études, le père l'a autorisé tacitement à emprunter en tant qu'il serait nécessaire. C'est ainsi que l'armateur d'un navire, quand il y prépose un capitaine, est censé se soumettre à toutes les obligations que ce capitaine pourra contracter dans l'intétêt de son commerce (D. 1. 1 de exerc. act.).

En dehors des divers événements signalés jusqu'ici, il n'y a que la ratification soit du père, soit du fils qui puisse guérir le contrat de la paralysie dont il était atteint, en le rendant civilement obligatoire. Parlons d'abord de la ratification par le père, c'est-à-dire de son adhésion postérieure au contrat.

On peut ratifier de bien des manières : novation, constitut, fidejussion, paiement, etc.

Le père est en province, son fils à Rome. Le fils persuade à quelqu'un qu'il est autorisé par son père à emprunter, puis il écrit à son père, le priant de payer pour lui. Si le père manifeste, sans trop de retard, qu'il désapprouve ce qui s'est fait, le contrat n'engendre point d'action (D. 1. 16). Tant pis pour le prêteur trop crédule : à qui la faute, sur lui doit retomber la perte.

Mais si le père n'a pas répondu ou a tardé trop longtemps à répondre, son silence est une ratification tacite de l'engagement.

La novation est l'extinction d'une dette par la substitution d'une autre dette, à l'aide de la stipulation ou du contrat *litteris*. Je la considère comme une des variétés de la ratification, parce qu'en changeant la nature ou l'étendue de l'obligation ou les personnages qui y figuraient, elle ravive cette obligation au point de vue du droit sanctionnateur : le fils de famille n'était tenu que naturellement, il le sera désormais civilement; c'est-a-dire il ne pouvait être actionné, il pourra l'être désormais.

Le constitut est la promesse faite par simple pacte, de payer une dette préexistante, soit civile, soit prétorienne, soit même simplement naturelle. Entr'autres effets, ce pacte avait la puissance de rendre obligatoire le paiement d'une obligation purement naturelle.

Si le père a payé une partie de la dette, le sénatus-consulte cesse de s'appliquer : c'est comme s'il avait ratifié (D. l. 7, § 15). D'où il semble résulter que le paiement partiel confère au créancier le droit d'exiger son paiement intégral. La même question se présente si c'est le fils qui a payé partiellement (V. l. 7, § 16, D.).

La ratification du père produit-elle effet du jour du contrat ou seulement du jour où elle est intervenue ? question vivement débattue entre les jurisconsultes romains, mais tranchée par Justinien en faveur du premier système. La ratification du père équivaut donc à un mandat (C. l. 7, pr.)

Donc le sénatus-consulte n'est désormais opposable ni par le fils ni par les personnes accessoirement obligées.

Cinquième cause d'exception : ratification par le fils.

Tant que le fils n'a point acquis une personnalité distincte, il ne peut ratifier. Ne serait-il pas absurde que, par une ratification frauduleuse, le fils de famille pût éluder l'application du sénatus-consulte ?

Cependant on a prétendu qu'il peut renoncer au bénéfice du sénatus-consulte, et sa renonciation produirait effet, quant à lui : « s'il paie, il ne peut répéter, et qu'est-ce que le paiement ? une ratification tacite.» Et l'on produit d'autres arguments, mais qui n'ont aucune valeur. Je réfuterai celui que je viens d'indiquer, incidemment, tout-à-l'heure.

Le père ni le fils ne pourront revendiquer ni exercer la *condictio :* 1° si pour payer, le fils de famille a pris sur son pécule castrans ou quasi-castrans : nous savons pourquoi ; 2° si la somme par lui payée au créancier lui avait été donnée sous la condition de paiement (l. 9, § 1). En effet si le fils n'exécute pas la condition, le donateur a contre lui la *condictio causa data, causa non secuta* : l'argent donné au fils pour qu'il paie son créancier ne s'est jamais confondu dans son pécule adventice (Comp. l. 5, § 9, de jure dot.)

Si pour payer, le fils de famille a pris sur le pécule adventice ou sur le pécule profectice, qu'il ait ou non la libre administration de ce dernier (l. 2, **D.** de donat., l. 82 de divers. regul. juris), il ne peut revendiquer ni exercer la *condictio*, n'ayant jamais été propriétaire. Donc, dans tous les cas, le paiement par le fils vaut ratification, quant à lui ; mais, on le voit, cet effet du paiement ne prouve en rien que le fils de famille puisse renoncer au bénéfice du sénatus-consulte. Dans cette même hypothèse d'un fils de famille qui a payé avec des sommes provenant du pécule adventice ou du pécule profectice, le père, en qualité de propriétaire, peu revendiquer les espèces tant qu'elles sont dans les coffres du créancier ou exercer la *condictio furtiva*, si elles ont été consommées par un créancier de mauvaise foi, c'est-à-dire qui connaissait l'origine des deniers. Contre un créancier qui a reçu son paiement de bonne foi, le père peut-il exercer la *condictio indebiti*? question douteuse. Non, d'après la loi 14 D. de rebus creditis. Oui, d'après la loi 9, § 1, d. de s. c. m. interprétée selon la généralité de ses termes. Il me paraît certain que, dans la loi 14, il n'est parlé que de la *condictio indebiti*, mais on peut douter si, dans la loi 9, § 1, il n'est pas question de la *condictio indebiti* aussi bien que de la *condictio furtiva*.

Le fils de famille qui s'est laissé déléguer ne peut invoquer l'exception du sénatus-consulte contre le délégataire (l. 19, D. de novat.) On peut critiquer cette décision. Le délégataire aurait dû s'informer de la cause de la créance : apprenant que la cause est un *mutuum* ayant pour objet une somme d'argent, il aurait dû s'enquérir sérieusement de la condition de l'emprunteur au moment du prêt ; s'il a été trompé sans qu'il y ait aucune faute à lui reprocher, comme il a une juste cause d'erreur, je comprends que le sénatus-consulte ne lui soit pas opposable, mais s'il y a dol ou faute de sa part, il serait juste qu'il fût puni.

Devenu *sui juris*, le fils peut ratifier.

Supposons qu'il ait fait un paiement partiel ; il

ne pourra plus désormais invoquer le bénéfice du sénatus-consulte, et il ne peut repéter ce qu'il a payé. Voilà ce que dit la loi 7, § 16, D., dont le premier membre de phrase a été généralement inteprété en ce sens que le créancier pourra poursuivre le paiement de ce qui lui reste dû. Mais pourquoi le paiement d'une partie emporte-t-il ratification pour le tout? Une renonciation doit être expresse, ou si elle est tacite, il faut que la volonté du renonçant ne soit pas douteuse ; si le fils doit mille, qu'il ait payé cent, que jusqu'à concurrence de cent, il ne puisse répéter, j'y consens : il serait absurde qu'il pût revenir contre son propre fait ; mais que le créancier puisse se prévaloir du paiement de cent pour faire des poursuites jusqu'à concurrence de neuf cents, c'est ce qu'en bonne logique on ne saurait admettre, à moins qu'on n'arrive à démontrer, à l'exemple des anciens sophistes, que la partie est égale au tout.

Et remarquez que si le fils donne un gage, aux termes de la loi 9 pr. D., il est censé ratifier jusqu'à concurrence de la chose engagée, et rien de plus. Or, pourquoi le paiement d'une partie de la dette emporterait-il ratification pour le tout, tandis que l'hypothèque vaudrait seulement ratification partielle?

Aussi Godefroi est d'avis que s'il y a paiement d'une partie, le surplus n'est pas davantage exigible que par le passé. Godefroi était un savant homme, cependant qui lira les textes avec attention conclura en sens contraire, que la dette étant de mille, si le fils paie cent, le créancier pourra quand il voudra se faire payer les neuf cents qui restent dûs. Et Doneau (Com. Dig. lib. 12, cap. 28) en donne cette raison, que le fils en payant cent a sans doute ajouté qu'il paie une partie de ce qu'il doit, et comme toute partie suppose un tout, le paiement d'une partie vaut ratification pour le tout. Quant à moi je ne chercherai pas à expliquer ce que je ne puis comprendre : *Non omnium quæ a majoribus constituta sunt ratio reddi potest* (l. 20, D. de legib.).

Pour que la ratification produise effet, il faut qu'elle soit faite avec pleine connaissance du vice qui entachait l'obligation. C'est pourquoi si un fils de famille a reçu de l'argent en *mutum*, que, devenu *sui juris*, il ait fait expromission pour cette somme par suite d'une erreur de fait, il aura contre l'action *ex stipulatu* une exception *in factum* (D. l. 20).

Exemple : le père est mort ; le créancier le sait, le fils ne le sait pas encore ; le créancier se hâte de courir chez le fils son débiteur, lui demande de ratifier l'engagement : cette ratification ne vaut pas davantage que l'obligation primitive.

Cependant si le fils avait payé par suite d'une

erreur de fait, il ne pourrait répéter (D. l. 40, de condict. indeb., l. 14, de reb. cred.). Pourquoi le paiement est-il maintenu tandis que l'expromission est viciée par l'erreur de fait? Le droit romain permet quelquefois, par respect pour le fait de la possession, de retenir par voie d'exception ce qu'il ne permet pas d'acquérir par voie d'action (D. l. 1, pr. de pigner., l. 7, § 4, de pact., l. 10, de obl. et act.). Ce nonobstant, si une femme paie par erreur ce qu'elle devait en vertu d'une intercession, elle peut répéter (D. l. 8, § 3, ad. s. c. vell., C. l. 9, ad. s. c. vell.). Mais c'est que les deux sénatus-consultes, le velleien et le macédonien, ont des motifs bien différents : l'un a pour but de protéger les femmes contre leur propre faiblesse; l'autre a été fait en haine des usuriers, afin de protéger la vie des pères de famille contre leurs avides spéculations.

Sous l'empire de notre Code civil, la répétition est admise à l'égard des obligations naturelles qui n'ont pas été volontairement acquittées, c'est-à-dire qui n'ont pas été acquittées en pleine connaissance de cause (V. art. 1235).

Si le fils devenu *sui juris* a fait expromission par suite d'un erreur de droit, cette expromission sera rescindée (arg. l. 8, de juris et facti ignor.). D'ailleurs, pour qu'il y ait ratification, il faut qu'il y ait consentement ; et le consentement est vicié par l'erreur de droit tout aussi bien que par l'erreur de fait.

La ratification par le père a des effets plus étendus que la ratification par le fils. Nous avons vu qu'elle équivaut à un mandat, d'où il suit que le sénatus-consulte n'est désormais opposable ni par le fils ni par les personnes accessoirement obligées. Mais la ratification du fils n'a d'effet qu'entre lui et le créancier (arg. l. 3 et 23, C. de pactis, l. 62, D. de pactis; nonobst. l. 2. C. ad. s. c. m.). Et cela se comprend : l'adhésion du père rend parfait le contrat de *mutuum* qui manquait seulement de cet élément nécessaire à sa validité; mais le fils en ratifiant fait un contrat nouveau, qui ne peut enchaîner le père ni les fidéjusseurs, qui n'y ont pas figuré, et qui n'étaient pas liés en vertu du contrat primitif dont le vice n'a pas été couvert.

De même le fils est tenu si le père a autorisé l'emprunt ou s'il en a profité.

Doneau, ordinairement si logique, après avoir établi, comme je viens de le faire, que le fils est obligé, si le père ratifie (Comm. ad Dig. lib. 12, cap. ult.), soutient, dans un autre endroit de ses commentaires (lib. 21, cap. 7), qu'il n'est pas obligé, s'il a emprunté y étant autorisé par son père. Je n'essaierai pas de démontrer qu'il y a contradiction : c'est évident. Voici d'ailleurs quels sont ses arguments : il affirme que le sénatus-consulte macédonien a été rédigé dans l'intérêt commun du père et du fils de famille ; il affirme que l'argent prêté à celui-ci est censé avoir été prêté au père.

On peut répondre : 1° que la loi 7, § 11, D. ad s. c. m. est contraire à la théorie de Doneau : « *si ipse pater eum præposuisset merci suæ, vel peculiarem exercere passus esset, cessaret senatus-consultum : quoniam patris voluntate contractum videtur.*» Doneau nie que cette loi lui soit contraire, mais ce qu'il dit à ce sujet n'est pas même spécieux : si le père autorise l'emprunt, le sénatus-consultecesse de s'appliquer, dit la loi 7, § 11. Cela étant, nous rentrons dans le droit commun, et quel est le droit commun? L. 39, D. de obl. et act: « *filius familias ex omnibus causis tanquam pater familias obligatur, et ob id agi cum eo tanquam cum patre familias potest.* »

2° Le sénatus-consulte macédonien a été rédigé uniquement dans l'intérêt du père, c'est ainsi que l'ont compris les redacteurs des Instituts et Theophile dans sa paraphrase et tous les commentateurs qui l'ont suivi. En effet le majeur fils ou père de famille est en faute s'il a succombé à quelque entraînement irréfléchi : on ne vieillit pas sans acquérir de l'expérience; on ne vieillit pas sans contracter envers soi-même et envers les autres l'obligation de se conduire avec prudence; d'ailleurs, dans l'espèce, le père a eu connaissance des conditions de l'em-

prunt et il y a consenti. D'autre part, celui qui a
prêté de l'argent à un fils de famille que son père
autorisait à emprunter est aussi favorable , à coup
sûr, qu'un vendeur ou un acheteur vis-à-vis de qui
le fils s'est obligé sans consulter que son caprice.
Donc, dans l'espèce, le fils ne peut invoquer le
sénatus-consulte.

3° Rien n'autorisait Doneau à poser cette présomption que l'argent prêté au fils par l'ordre du
père est censé prêté au père. Il est vrai qu'il l'éta-
blit par arg. de la loi 1, pr. *quod jussu*, mais c'est
exagéré: *merito ex jussu domini in solidum adversus eum judicium datur* : *nam* QUODAMMODO *cum
eo contrahitur qui jubet* (l. 1, pr. D. quod jussu).
Le préteur en créant l'action *quod jussu* n'a pas
supprimé l'action directe qui d'après le droit civil
compète contre le fils de famille avec qui il a été contracté et qui est parfaitement capable de s'obliger ;
pas plus qu'en accordant aux tiers contre le mandant
les actions utiles résultant des opérations faites par
eux avec le mandataire, il n'a supprimé l'obligation
du mandataire vis-à-vis des tiers. L. 3, § 4, D. de
minoribus : « *Proinde si jussu patris obligatus sit,
pater utique poterit in solidum conveniri filius
autem… in id quod facere potest.* »

Ce qui est étrange, en vérité, c'est que Doneau,
même livre, même chapitre, reconnaît que le fils
de famille est tenu s'il s'est obligé en vertu d'un

contrat autre qu'un *mutuum* que le père ait autorisé. Est-ce logique?

X. DESTINÉES DU SÉNATUS - CONSULTE EN DROIT FRANÇAIS.

Le sénatus-consulte macédonien fut observé dans tous les pays de droit écrit. Je ne crois pas qu'il l'ait été dans aucun pays coutumier, ni dans ceux où la puissance paternelle finissait à la majorité des enfants, cela je l'affirmerais presque, ni dans ceux où la puissance paternelle était contre les enfants la source de diverses incapacités, du moins je n'ai lu aucun texte où il en soit parlé (V. Merlin, Rép. vᵒ puiss. paternelle, §§ 4-6). Dans notre droit, il n'y a plus des pères de famille et des fils de famille, mais des pères et des enfants, des mineurs et des majeurs; la puissance paternelle n'est plus une tyrannie mais un pouvoir protecteur; il n'est plus besoin que le fils exerce certaines fonctions ou certaines professions pour posséder un patrimoine; à vingt-un ans il a l'exercice de tous les droits civils. Qu'un homme ait le droit d'avoir un patrimoine et n'ait pas le droit d'emprunter dans l'intérêt de ce patrimoine, les jurisconsultes romains ne l'auraient pas compris. Restent les fils et filles majeurs qui, n'exerçant ni fonctions ni professions et n'ayant recueilli ni successions, ni donations, ni legs, vivent aux dépens de leurs parents et contractent des emprunts uniquement en vue de satisfaire leur goût pour le luxe et les plaisirs. Mais les parricides étaient fréquents à Rome, ils sont rares dans nos mœurs. Donc il ne faut pas, sous l'influence de craintes chimériques ou tout au moins exagérées, annuler le contrat, dépouiller le créancier, porter atteinte au crédit d'un grand nombre de personnes. N'oublions pas que le crédit est le point de départ et la base de la plupart des grandes fortunes industrielles. En droit romain, le sénatus-consulte macédonien ne pouvait être invoqué par le fils *sui juris*, ni de son chef ; *a fortiori* dans notre droit, le fils majeur doit être capable d'emprunter. Si, ce qui est à présumer, le créancier n'est pas un usurier, il est injuste d'annuler le contrat, quel qu'ait été d'ailleurs le résultat du prêt. Si le prêt est usuraire, il suffit de prononcer la réduction de l'excédant des intérêts sur le taux légal (v. l. 3, sept. 1807, 3). S'il y a délit d'habitude d'usure ou escroquerie de la part du prêteur, il encourt les peines édictées par la loi du 27 décembre 1850, et ces peines sont assez sévères. Même, il est douteux qu'il soit utile, encore aujourd'hui, de faire des lois contre l'usure ; on peut se demander si ce ne sont pas là des vestiges du passé, et si les sophismes d'Aristote et les déclamations de Plutarque, et de Sénèque, les préceptes des livres saints et les écrits des pères de l'église et

les décisions des conciles, les préjugés et les haines
du moyen âge n'ont pas eu plus d'influence sur la
limitation du taux de l'intérêt, au xix siècle, que
l'appréciation exacte et réfléchie des vrais besoins
de notre société moderne. Je crois que le sénatus-consulte macédonien n'avait plus de raisons d'être ; il
n'en reste pas trace dans nos lois.

APPENDICE.

Dans tout le cours de cette thèse, j'ai raisonné
dans la supposition d'un fils de famille majeur. Je
n'avais pas à parler de l'impubère, car il est incapable de s'obliger même avec l'autorisation de son
père (l. 141, de v. ob.) ; s'il a emprunté, le créancier
n'aura donc pas d'action contre lui, et sans que le
sénatus-consulte y soit pour quelque chose. Mais
supposons un fils de famille pubère et mineur de
vingt-cinq ans. Est-il obligé s'il a emprunté en violation du sénatus-consulte ? *Quid* dans l'hypothèse
inverse ? A-t-il droit à la restitution *in integrum*
dans le premier cas ? Y a-t-il droit dans le second ?
Ne faut-il pas distinguer s'il avait un pécule *castrans*
ou *quasi-castrans* ou seulement un pécule profectice ou adventice ? *Quid* si le père a autorisé le prêt
ou en a tiré profit ? *Quid* s'il l'a ratifié ? *Quid* si le
créancier peut invoquer une juste cause d'erreur ?

Voilà bien des questions. Il n'est pas sans intérêt de les examiner en détail.

Première hypothèse. Le fils de famille mineur a emprunté en violation du sénatus-consulte.

Il est de règle que les personnes de moins de vingt-cinq ans sont restituables contre les actes qui leur causent préjudice, quel que soit le rang qu'elles occupent au sein de la famille : et Doneau remarque à ce sujet, avec raison, que le mineur fils de famille a plus de droit à la protection du Préteur que le mineur *sui juris*, car, ayant toujours vécu dans une extrême dépendance, il connaît moins les mœurs des hommes, il est moins capable des actes de la vie civile. Mais il va de soi que cette protection du Préteur, il n'a droit de l'invoquer que s'il y a intérêt, c'est-à-dire s'il est obligé civilement, car, à quoi bon le restituer contre les conséquences d'un acte en vertu duquel il ne peut être poursuivi ? Donc il ne peut demander la restitution contre un *mutuum* fait en violation du sénatus-consulte.

Deuxième hypothèse. Il a emprunté y étant autorisé.

Suivant Doneau, Cujas, Pothier, la restitution n'est pas possible ; suivant eux, la loi 3, § 4 D., de minoribus, le dit expressément, et la loi 2 C., de f. f. minore, le suppose ; mais pourquoi en est-il ainsi ?

L'explication de Doneau est très-simple ; il sou-

tient que le fils de famille n'est pas obligé si le père
a consenti au prêt parce que, dit-il, le sénatus-
consulte macédonien a été rédigé dans l'intérêt
commun du père et du fils de famille, et en outre,
l'argent prêté à celui-ci est censé avoir été prêté au
père. S'il n'est pas obligé, revient ce que nous di-
sions sur la précédente hypothèse ; il n'a pas droit
à la restitution (V. Comm. ad Digest. lib. 21, cap.
7). J'ai déjà essayé de réfuter ces arguments ; mais
remarquons ici que de droit commun le mineur a
le bénéfice de la restitution *in integrum*, toutes les
fois qu'il est lésé par l'effet d'un acte ou d'un contrat. Donc, dans l'espèce, le fils de famille n'a pas
intérêt légitime à invoquer l'application du sénatus-
consulte, car il l'invoque, non pour éviter une perte
mais pour augmenter son pécule aux dépens du
créancier. Quand même la solution de Doneau serait
vraie, ce que j'ignore, ses arguments sont mauvais;
aussi on est généralement d'avis que le fils de famille
qui a emprunté de l'argent, avec autorisation de son
père, est obligé, mais alors pourquoi n'a-t-il pas le
bénéfice de la restitution *in integrum* ?

Cujas (opposit. t. i. p. 989) et Pothier (art. 1, § 3,
n° 7, note p.) en donnent une explication, mais ju-
gez si elle est satisfaisante : ceux, disent-ils, qui
prêtent de l'argent aux fils de famille, sont assez
durement châtiés par le sénatus-consulte, au cas de
violation, pour que, dans l'hypothèse inverse, et

par une sorte de compensation, il soit équitable de les traiter avec quelqu'indulgence : d'où ils concluent que le fils de famille mineur, qui peut se faire restituer contre tout acte qui lui préjudicie, encore qu'il ait agi avec autorisation de son père, ne peut se faire restituer contre le prêt d'argent, de tous les actes un des plus dangereux : cela ne se comprend pas.

M. de Savigny (t. VII, appendice 18e) a rejeté cette explication peu digne de Cujas, et que Pothier s'était borné à reproduire.

Nonobstant les deux textes que j'ai cités, M. de Savigny soutient que le fils de famille mineur de vingt-cinq ans, qui a emprunté avec autorisation de son père, peut se faire restituer ; son explication est ingénieuse, et satisfaisante pour la raison. Voici l'endroit de la loi 3, § 4, qui fait difficulté : « *Si igitur filius conveniatur, postulet auxilium : si patrem conveniat creditor, auxilium cessat, excepta mutui datione : in hac enim si jussu patris mutuam pecuniam accepit non adjuvatur.* » Ce qui veut dire mot à mot : « Si donc le fils est actionné, il demandera la restitution ; si le créancier actionne le père, il n'y aura pas restitution, sauf s'il y a eu dation en *mutuum* : car si le fils a reçu de l'argent en *mutuum* par ordre du père, on ne vient pas à son secours. » M. de Savigny propose la leçon suivante : « *Si patrem conveniat creditor, auxilium cessat, excepta mutui datione; in hac enim, si filius non jussu patris mutuam pecu-niam accepit, adjuvatur.* » « Tout se réduit alors à cette proposition fort simple : en général on ne vient pas au secours du père actionné pour les actes du fils, à moins qu'il ne s'agisse d'un prêt d'argent, car dans ce cas, contre l'action du créancier, le père a l'exception du sénatus-consulte, pourvu que le fils n'ait pas emprunté par son ordre. » On oppose à M. de Savigny la loi 2 C. de f. f. milite : « *Si fra-ter tuus cum mutuam pecuniam acciperet in patris fuit potestate, nec jussu ejus, nec contra sénatus-consultum contractum est, propter lubricum ætatis adversus eam cautionem in integrum restitutionem potuit postulare.* » M. de Savigny observe que cette loi est un rescrit : « La mention faite dans la requête qu'il n'y a pas eu d'ordre donné par le père et sa reproduction dans le rescrit ne signifie pas que la restitution devrait être refusée si l'emprunt eût été ordonné par le père, mais que le père l'ayant ordonné, la restitution souffre d'autant moins de difficulté : car le plus souvent l'existence d'un pareil ordre indiquera qu'il n'y a pas eu de lésion et que dès lors la restitution n'est pas fondée. »

Je le répète, l'explication de M. de Savigny est satisfaisante pour la raison, elle m'avait séduit tout d'abord : sans doute, me disais-je, la loi 3, § 4, nous est parvenue altérée par la faute d'un copiste négligent, et, en vérité, ne vaut-il pas mieux corriger un texte que l'expliquer comme ont fait ces deux autres grands jurisconsultes, Cujas et Doneau?

Mais il n'est pas vraisemblable que le mot *adjuvatur* soit une allusion au sénatus-consulte macédonien. Si le fils a emprunté sans y être autorisé, le père n'a pas besoin de la protection du Préteur, puisqu'il n'est pas obligé civilement ; cependant le mot *adjuvatur* fait allusion au bénéfice de restitution et d'autant plus qu'une exception ne peut contenir que ce qui est dans la règle. Quelle est donc la question? *Prætor... minoribus auxilium promisit, non majoribus... sed an hoc auxilium patri quoque prosit, ut solet interdum fidejussori ejus prodesse, videamus?* et voici la réponse : *et non puto profuturum. Si igitur filius canveniatur; etc...*

Quand à la loi 2, M. de Savigny l'interprète d'une manière fort ingénieuse, mais qui n'est pas très-naturelle : « Si votre frère, fils de famille, a emprunté de l'argent et que l'emprunt n'ait pas été ordonné par le père, et qu'il n'y ait pas eu violation du sénatus-consulte, il peut demander la restitution. » Voilà ce que dit l'empereur Gordien. S'il y avait eu violation du sénatus-consulte, le fils serait-il restituable? Non, évidemment ; et puisque la seconde négation a un sens exclusif, on est porté à conclure que la première n'est pas simplement circonstantielle. Je me sers là d'expressions barbares, mais qui rendent nettement ma pensée.

Au reste, je ne dis pas que l'interprétation que M. de Savigny donne de la loi 2 soit inadmissible, je dis seulement qu'elle est hasardée. Si M. de Savigny eût réussi à expliquer la loi 3, § 4, mais il y a échoué, j'aurais adopté sa théorie sans y faire aucun changement.

Si la solution de Doneau a du moins cet avantage qu'elle soit conforme aux textes, il faut la préférer. — Mais ses arguments sont détestables! — Voici peut-être quelle est l'idée qui a induit Doneau à formuler cette proposition, que l'argent prêté au fils est censé prêté au père s'il a consenti au contrat.

Si le fils fait un achat ou une vente, en examinant la nature des objets achetés, sachant quels sont les objets vendus, on se rend facilement compte du but de l'opération, on voit de suite si elle concerne le pécule. Mais si le fils a emprunté par ordre du père, on peut supposer qu'il n'a figuré à l'acte que comme personne interposée, et si de cette supposition l'on fait une présomption de droit, il faut décider que le fils n'est pas tenu; donc il n'est pas restituable.

Mais pourquoi présumer que le père, s'il a besoin d'argent, emprunte par l'entremise de son fils plutôt que d'emprunter en son nom personnel? Cette présomption, quel est son fondement? Telle est la question. Je doute qu'il soit possible d'y répondre.

Enfin Doneau, quoique toute sa vie il ait écrit en latin, explique assez mal, grammaticalement parlant, la loi 3, § 4; si le verbe *adjuvatur* a pour sujet *filius* sous-entendu, il ne se lie pas avec le membre de phrase qui précède immédiatement; c'est bien là ce que veut Doneau; mais si Ulpien eût été dans une classe de sixième à Paris, et qu'il eût écrit dans ce style, je gage cent contre un qu'il eût été dernier. Pour que le système de Doneau fût correct, voici ce qu'il faudrait : au lieu de « *Si igitur filius conveniatur, postulet auxilium; si patrem conveniat creditor, auxilium cesset, excepta mutui datione : in hac enim, si jussu patris mutuam pecuniam accepit non adjuvatur;* » lisez : « *si igitur patrem conveniat creditor, auxilium cessat; si filius conveniatur postulet auxilium, excepta mutui datione, in hac enim,* etc...; et alors le système de Doneau est parfaitement conforme au texte.

Le même reproche grammatical que je viens de faire à Doneau, je puis le faire à Cujas; en outre, nous allons voir que la théorie de ce dernier est insoutenable, à moins qu'on n'efface la loi 2 au Code.

Troisième hypothèse : le père n'a pas autorisé l'emprunt, et le créancier invoque une juste cause d'erreur.

Si le créancier invoque une juste cause d'erreur,

en sorte que l'issue du procès soit douteuse, le mineur peut demander la restitution (arg. 1. 2, C. de f. f. minore). Cette proposition certaine suffirait à réfuter l'explication de Cujas sur la précédente hypothèse ; car le créancier qui a une juste cause d'erreur est aussi favorable que le créancier qui a prêté de l'argent au fils de famille autorisé de son père.

Certes, le système de M. de Savigny est le plus rationnel à son point de départ, le plus logique dans ses déductions, le plus équitable dans sa conclusion. Pas plus que Cujas, pas plus que Doneau, il n'a compris la loi 3, § 4, elle est inextricable ; il a donné de la loi 2, au Code, une interprétation peu naturelle, je le veux bien, mais comment concilier la théorie de Cujas et le texte de la loi ?

Quatrième et cinquième hypothèses : le père n'a pas autorisé l'emprunt, mais il en a profité ou il l'a ratifié.

Le mineur est obligé et peut demander la restitution ; pas de controverse.

Sixième hypothèse : le père a autorisé l'emprunt, mais le fils a un pécule *castrans* ou *quasi castrans*.

Si l'on admet cette proposition de Doneau, que l'argent prêté au fils est censé prêté au père qui a consenti au contrat, il faut dire, ce semble, que le mineur n'est pas tenu, soit qu'il ait seulement un pécule profectice, soit qu'il ait un pécule *castrans* ou *quasi castrans*; donc il n'est pas restituable.

Ma conclusion est celle-ci: après tant d'habiles jurisconsultes qui ont employé à l'interprétation du texte d'Ulpien, sans arriver à le comprendre, toutes les ressources de leur génie inventif et subtil, après avoir moi-même longtemps cherché sans trouver que des chimères, je renonce à rien comprendre à ce texte, si l'on ne me permet de retrancher ce membre de phrase tout entier: « *In hac enim, si jussu patris mutuam pecuniam accepit, non adjuvatur,* » comme étant une interpolation de Tribonien ou une usurpation de la glose.

Les dernières lignes de la loi 3, § 4, sont remarquables : « *Proinde et si sine jussu patris contraxit, et captus est, si quidem pater de peculio conveniatur, filius non erit restituendus : si filius conveniatur, poterit restitui. Nec eo movemur, quasi intersit filii peculium habere : magis enim patris quam filii interest ; licet aliquo casu ad filium peculium spectet : ut puta si patris ejus bona a fisco propter debitum occupata sunt : Nam peculium ei ex constitutione Claudii separatur.* » Ainsi, le fils a contracté un emprunt sans autorisation de son père, mais le créancier le croyait père de famille, et son erreur avait une juste cause : le créancier et le mineur comparaissent devant le magistrat. — « Exposez votre demande. » — « Tel jour, telle année, j'ai prêté tant au défendeur, je le croyais père de famille parce qu'il se disait tel, et agissait comme tel ; tout le monde y a été trompé comme moi ; il a dissipé l'argent, et maintenant, excipant de sa qualité de mineur au temps du contrat, il se refuse à me rien payer, non seulement des intérêts que j'avais stipulés, mais encore du capital. Je demande action contre lui, afin de rentrer dans ce qui m'est dû, au moins jusqu'à concurrence du pécule, dont il est détenteur. » Néanmoins le mineur sera restitué *in integrum ;* pourquoi ? parce qu'il est mineur et qu'il a intérêt à la restitution ; quel intérêt ? de conserver la jouissance du pécule et son droit éventuel à la propriété. Quelque temps après, le créancier comparaît de nouveau devant le magistrat, et cette fois c'est contre le père qu'il demande la *condictio ex mutuo de peculio ;* il l'obtiendra. Pourquoi ? Parce que le pécule profectice appartient au père : il en a la propriété, il en a l'usufruit, le fils n'en est que détenteur précaire ; le droit du fils à la propriété n'est qu'un droit éventuel. Evidemment cette théorie d'Ulpien est contradictoire ; j'admets sa première décision, mais la seconde est absurde (on ne doit aux morts que la vérité). Au reste, cette seconde déci-

sion d'Ulpien n'était pas universellement admise
(arg. 1. 3, § 4, *nec eo movemur*); Gaius la contredit,
c'est positif (v. 1. 27). Il est vraiment plaisant que
Tribonien nous ait conservé les deux textes, et dans
le même titre. Cependant il y a apparence qu'il
préférait la solution d'Ulpien, disent quelques in-
terprètes, car il y a ajouté pour l'expliquer : «le *nec
eo movemur quasi intersit* et ce qui suit n'est pas
une phrase d'Ulpien. » La question est délicate, la
supposition hasardée, je n'ose pas me prononcer.

DROIT FRANÇAIS.

De l'action en nullité ou en rescision des actes faits par les mineurs ou leurs tuteurs.

INTRODUCTION.

Le mineur est l'individu de l'un et l'autre sexe qui n'a point encore l'âge de vingt-un ans accomplis (Art. 388).

L'état de minorité se divise et se sous-divise ; la division principale est celle-ci : mineurs non émancipés, mineurs émancipés.

Parmi les mineurs non émancipés, que le plus souvent j'appellerai simplement *mineurs*, on peut faire des catégories : suivant qu'ils sont ou non dans les premières années de l'enfance et dépourvus de raison, impubères ou pubères, mineurs de seize, dix-huit ou vingt ans, artisans ou non artisans, ils sont plus ou moins capables ou incapables, soit quant à la jouissance, soit quant à l'exercice des droits civils.

Le mineur est émancipé de plein droit par le mariage (art. 476, 144 s.). Le mineur, même non marié, pourra être émancipé par son père, ou, à défaut du père, par sa mère, lorsqu'il aura atteint l'âge de quinze ans révolus (art. 477). S'il est resté sans père ni mère, il pourra aussi, mais seulement à l'âge de dix-huit ans accomplis, être émancipé, si le conseil de famille l'en juge capable (art. 478).

Après dix-huit ans, il peut être autorisé à faire le commerce (Co. art. 2).

Le mineur non émancipé a la jouissance de presque tous les droits civils actifs et passifs ; il peut être créancier, débiteur, propriétaire, mais en général il n'a pas l'exercice de ses droits et n'agit que par représentant.

Le tuteur le représente dans tous les actes de la vie civile, dit l'art. 450. Un subrogé-tuteur est censé surveiller la gestion du tuteur (V. art. 420 s.).

Préalablement à l'accomplissement de certains actes les plus dangereux, dans la pensée des rédacteurs, il faut l'autorisation du conseil de famille, quelquefois suivie de l'homologation du tribunal, dans un cas précédée de l'avis de trois jurisconsultes (V. art. 457-467.)

Certaines ventes de meubles sont assujetties à des formes spéciales (v. art. 442, v. l. 24 mai 1806, déc. 15 sept. 1813).

Outre que le tuteur est le représentant légal du

mineur, il administre les biens, et répond des dommages-intérêts qui peuvent résulter d'une mauvaise gestion (art. 450, al. 2); une hypothèque légale qui frappe tous ses immeubles présents et à venir assure sa responsabilité (art. 2121).

Il n'est pas vrai que le mineur soit incapable ; il n'est pas vrai qu'il soit capable. A quelques exceptions près, il a la jouissance de tous les droits civils. A mesure qu'il avance en âge, ou s'il exerce une profession, sa capacité s'étend, et sur certains points se rapproche ou devient égale à celle du majeur ; et quant aux actes que la loi ne lui permet pas expressément de faire seul, c'est une question de savoir s'il est incapable de les faire ou seulement de se léser en les faisant.

Celui-là seul est vraiment incapable, du moins quant à l'exercice des droits civils, qui n'a pas l'usage de la parole ou dont la parole n'est pas encore l'instrument d'une intelligence se réfléchissant elle-même : être susceptible de sentir, de concevoir et d'apprendre, mais dont l'instinct plutôt que la raison dirige les actes, et dont les Romains disaient avec vérité : *Non multùm a furioso distat.* (V. Inst. de inutil. stipul. § 10.)

Tout acte fait par ce mineur est inexistant en droit : la nullité peut toujours en être demandée par toute personne, sans qu'aucune ratification en soit jamais possible. Jusqu'à quand se prolonge cet état d'incapacité complète quant à l'exercice des droits? Les tribunaux apprécieront les faits et statueront en conséquence.

Sortis de cette première période de l'enfance, on aurait pu permettre aux mineurs d'agir par eux-mêmes, en leur réservant le droit de prouver qu'au temps du contrat, ils n'avaient pas encore leur pleine intelligence, de même que l'aliéné non interdit, non placé dans une maison d'aliénés, peut attaquer ses propres actes, en prouvant, qu'il était insensé au moment même où il les faisait.

Ou bien, on aurait pu interdire au mineur de contracter, en réservant à la partie adverse le droit de prouver, qu'au temps du contrat, le mineur avait la plénitude de son intelligence (v. l. 30 j. 1838, a. 39).

Mais ni l'un ni l'autre de ces deux systèmes n'a eu de partisans, à cause des difficultés presqu'insolubles, conséquence de leur application. Il a fallu établir une de ces présomptions légales *juris et de jure* qui n'admettent pas la preuve contraire : l'acte est annulable ou rescindable quelque soit le degré d'intelligence dont le mineur était doué, quand il l'a consenti.

L'incapacité du mineur est la même, qu'il soit en tutelle ou en puissance de ses père et mère. Seulement, la gestion du père administrateur légal, n'est, en droit, dans aucun cas, dirigée ni contrôlée par personne, et généralement, on admet que ses

biens ne sont pas grevés de l'hypothèque légale
(v. art. 389, 2121). Pour simplifier je supposerai
toujours le mineur pourvu d'un tuteur.

Le mineur émancipé peut faire seul les actes de
pure administration (art. 481). Quant aux autres,
il en est qu'il peut faire assisté de son curateur, il
en est qui exigent, en outre, l'observation des formes prescrites au mineur non émancipé (art. 480,
482, 483, 484).

. Les causes qui intéressent les mineurs sont com-
muniquées au ministère public (v. art. 83, pr.)

La minorité est un cadre trop vaste pour que
j'entreprenne de le remplir en entier; mais en sup-
posant l'acte fait par un mineur ou son représentant, quels sont les caractères respectifs des actions
en nullité ou en rescision, leur objet, à qui et contre qui elles compètent, quels sont les effets de la
nullité ou rescision prononcée, comment les deux
actions s'éteignent, et si tant dure l'action, tant
dure l'exception , telles sont les principales questions auxquelles je me suis proposé de répondre.

I. CARACTÈRES DES ACTIONS EN NULLITÉ ET EN RESCISION.

Dans l'ancienne jurisprudence, les mots *nullité*
et *rescision* ne furent jamais synonymes. L'une et
l'autre action tendait au même but: faire tomber
l'acte, mais elles différaient quant à leur cause,

quant à leur objet, quant à leur procédure et quant à leur durée. Le rédacteur du Code civil emploie indifféremment les mots *nullité* ou *rescision* quand il s'agit d'une convention entachée de violence, de dol ou d'erreur (v art. 1117). Mais quand l'action a pour cause la lésion, la loi dit que l'acte est rescindable (v. art. 1311, 1305, 1306 etc.), tandis que si le fait qui lui donne naissance est la violation de formes ou l'incapacité du mineur, il faut dire que l'acte est nul (v. art. 1311, 903, 904, etc.).

A parler exactement, un acte nul est celui qui n'a pas d'existence légale: exemple, si un enfant de deux ans promet ou stipule, autre exemple: une donation qui n'a pas été acceptée ou dont l'acceptation n'a pas été notifiée, ou qui a été consentie par simple acte sous seing privé. En pareil cas, toute personne intéressée peut invoquer la nullité, à toute époque et sans que cette nullité puisse être couverte par ratification ou autrement. Au contraire, l'acte nul dont parle l'art. 1311 n'est pas inexistant; en d'autres termes, la nullité n'est pas absolue mais relative, c'est-à-dire c'est une nullité qui peut être invoquée par le mineur seulement ou ses représentants, et l'acte peut être confirmé, soit expressément, par écrit, soit tacitement, si le mineur exécute volontairement ou s'il n'agit pas dans un certain délai (v. 1117, 1125, 1304 s., 1338). Enfin l'obligation est susceptible d'être novée ou cautionnée. Donc cette obligation existe; seulement, le droit de créancier équivaut à zéro, si le mineur excipe de sa minorité. La nullité relative, dit Toullier, est une faculté donnée à l'une des parties de revenir contre le contrat.

Le droit d'invoquer la nullité ou la rescision est uniquement dans l'intérêt du mineur: voilà pourquoi il peut y renoncer après qu'il est devenu majeur; voilà pourquoi la caution ni l'expromisseur ne peuvent demander l'infirmation du contrat. Ce qu'on appelle *l'incapacité du mineur,* a pour fondement une présomption : qui dit présomption dit chose probable mais incertaine; la loi répugne à l'infirmation des contrats : elle voit avec plaisir l'ex-mineur reconnaître que la présomption légale était en défaut quant à lui; elle voit avec plaisir un généreux intervenant payer la dette ou se porter expromisseur ou caution.

Tout à l'heure je disais que l'acte est sujet à nullité toutes les fois qu'il y a eu violation des formes. Mais desquelles? Bien qu'il y ait eu controverse à cet égard, il me semble incontestable que l'acte nul en la forme, dont parle l'art. 1311, n'est pas un acte nul pour violation de formes solennelles, ni un acte dont l'écrit serait nul pour violation des formes destinées à prouver la convention ; cela résulte de la place qu'occupe l'art. 1311 qui d'ailleurs suppose un acte ratifiable. Cela étant observé, concluons qu'au point de vue du sujet qui nous occupe, l'acte nul en la forme est celui que dans l'intérêt des mineurs, la loi environne de formalités, qui doivent en précéder l'accomplissement , lesquelles auraient été omises.

Quand l'acte est nul pour violation des formes ou incapacité de l'une des parties, il n'est pas besoin de prouver qu'il y a eu lésion; on la présume.

Au premier abord, il semble que la rescision pour lésion devrait s'appliquer à tous les contrats commutatifs, quelles que soient les parties contractantes, car dans ces sortes de conventions, chacun entend recevoir l'équivalent de qu'il donne (art. 1104 al. 1), et celui qui est lésé, est, à n'en pas douter, victime de la misère, de ses passions ou de son trop de simplicité. Or il n'y a de consentement que celui qui émane d'une volonté intelligente et libre. Mais si, par application de ce raisonnement, les majeurs pouvaient faire rescinder tout contrat commutatif par lequel ils sont lésés, et si minime que fût la lésion, nul ne se soucierait de vendre ou d'acheter, de donner ou prendre à bail, car qui oserait se fier à la promesse donnée? Plus de sûreté dans les transactions, l'alarme serait générale, la prospérité publique anéantie. Et à poursuivre l'application de cette vérité, qu'il n'y a de consentement que celui qui émane d'une volonté intelligente et libre, même les contrats aléatoires seraient ébranlés et la plupart des donations! Aux termes de l'art. 1305, la simple lésion donne lieu à la rescision en faveur du mineur non émancipé, contre toutes sortes de conventions; et en faveur du mineur émancipé, contre toutes conventions qui excèdent les bornes de sa capacité. Aux termes de l'art. 1313, les majeurs ne sont restitués pour cause de lésion que dans les cas et sous les conditions exprimées par la loi (v. art. 887, s. 1674, s.).

La loi dit la *simple lésion*; elle n'en détermine pas le taux. Donc les juges peuvent rescinder, si minime que soit la lésion, mais ils peuvent s'y refuser, si elle leur semble trop légère (v. Jaubert, rapport au Tribunat).

Le mineur n'est pas restituable pour cause de lésion, lorsqu'elle ne résulte que d'un événement casuel et imprévu (art. 1306), c'est-à dire, il est restituable, si elle résulte d'un événement casuel mais qu'il était facile de prévoir : exemple, s'il a dissipé l'argent qui lui avait été prêté ; de même, si elle résulte d'un événement imprévu mais qui est une conséquence plus ou moins éloignée de l'acte lui-même : exemple, si quelqu'un a vendu de bonne foi au mineur le bien d'autrui et que le mineur en soit évincé.

En d'autres termes, le mineur est restituable,

toutes les fois que la lésion est une suite de sa faiblesse ou de son inexpérience.

Il n'importe qu'il y ait perte d'un bien qui était entré dans le patrimoine du mineur, ou qu'il y ait renoncement à un gain futur : tout acte désavantageux pour le mineur est rescindable. Qu'on se dépouille de la propriété qu'on a sur un bien ou du droit de l'acquérir, dans l'un et l'autre cas c'est perdre.

Suivant Merlin (Répert. v° lésion, §3), les mineurs peuvent être restitués même pour une simple lésion d'affection, c'est-à-dire, pour une lésion qui consiste dans la perte d'une valeur arbitraire que l'on attache à certains biens, à cause de l'affection qu'on a pour eux. Je crois que, dans bien des cas, les tribunaux se refuseraient à appliquer cette théorie : qu'importe à la société que le mineur conserve en nature les biens de ses ancêtres ! mais il est bon que les contrats ne soient pas rescindés, l'acquéreur ruiné, les sous-acquéreurs troublés pour un mince intérêt d'affection ou de vanité. D'ailleurs des art. 1314, 1311, 1707, il résulte, que les ventes et échanges des immeubles des mineurs ne sont jamais rescindables pour lésion : ou ces actes sont nuls en la forme, ou les mineurs sont relativement à eux considérés comme s'ils les avaient faits en majorité; quant à donner, le mineur en est incapable (v. art. 903, 904); et il n'y a pas d'actes importants pouvant léser le mineur dans ses affections, pas même la vente du mobilier corporel, qui, j'essaierai de le démontrer, soit susceptible d'être rescindé pour lésion. A quelque point de vue qu'on l'examine, la théorie de Merlin me semble inacceptable.

II. LEUR OBJET.

J'ai dit que l'action en nullité peut être exercée si les formalités prescrites dans l'intérêt des mineurs n'ont pas été remplies, tandis que l'action en rescision a lieu, lors seulement qu'il n'y avait pas de formes prescrites, mais le mineur a été lésé.

Mais quel est l'objet de l'action en rescision? tant les actes du mineur que ceux du tuteur, ou seulement les actes faits par le mineur? même les actes d'administration faits par le tuteur ou seulement ceux assujettis à l'accomplissement de certaines formes lesquelles n'ont pas été remplies? Tout cela, questions controversées. Quant à l'objet de l'action en nullité, les controverses ne sont pas moins nombreuses; déjà ci-dessus, au n° précédent, j'en ai indiqué une.

1. Et d'abord parlons des actes faits par le tuteur; quand sont-ils inattaquables, quand rescindables?

Le tuteur est le mandataire légal du mineur : aux termes de l'art. 450, il le représente dans tous les actes de la vie civile; il peut donc faire et faire seul tous les actes qu'un texte ne lui interdit pas ou n'assujettit pas à l'accomplissement de certaines formes.

Il peut faire seul les actes d'administration (v. art. 450); c'est-à-dire, les actes par lesquels on conserve, améliore, fait valoir, convertit en argent les fruits naturels et industriels.

Il peut interrompre la prescription;

Intenter les actions possessoires (arg. art. 1428);

Intenter appel (v. M. Demante, C. analyt. t. II, n° 225 bis, 2);

Acquiescer en matière mobilière, et intenter les actions mobilières (v. art. 464);

Défendre à toute espèce d'action (v. art. 464);

Donner à bail les biens du mineur, sauf l'application des art. 1429, 1430, quant à la durée des baux et aux époques de leur renouvellement (v. art. 1718);

Toucher les revenus et les capitaux dûs au mineur, dont il fait lui-même l'emploi selon ce qu'il juge convenable (v. art. 455, 456, 1067);

Il peut aliéner les meubles corporels du mineur, et même il le doit, sauf les meubles que le conseil de famille l'a autorisé à garder en nature (v. art. 452), et sauf le père tuteur et la mère tutrice, tant qu'ils ont la jouissance propre et légale des biens du mineur (v. art. 453).

Quant aux meubles incorporels, il n'est pas tenu de les aliéner; mais le peut-il? Il peut, sans autorisatton du conseil de famille, opérer le transfert de toute inscription de rente sur l'Etat, représentant au pair 1,000 fr. de capital (v. M. Dem. C. a. II, n° 220 bis, 2). Les inscriptions ou promesses d'inscriptions au-dessus, ne pourront être vendues par les tuteurs qu'avec l'autorisation du conseil de famille, et suivant le cours du jour légalement constaté ; dans tous les cas, la vente pourra s'effectuer sans qu'il soit besoin d'affiches ni de publications (v. l. 24 mars 1806). Les dispositions de la loi de 1806 ont été appliquées aux actions de la Banque de France, par le décret du 25 sept. 1813 ; à l'égard des rentes et actions sur particuliers, le tuteur peut les aliéner, en vertu de ce principe que tout ce qui ne lui est pas défendu lui est permis.

Relativement aux actes que le tuteur ne peut faire qu'après avoir accompli certaines formalités spéciales, voyez les art. 457-467.

Mais le tuteur ne peut compromettre sur les contestations qui intéressent les biens des mineurs (v. Pr. art. 1004, 83), ni faire aucune aliénation à titre gratuit, même du mobilier.

Voilà donc trois catégories d'actes, les uns que le tuteur peut faire seuls, d'autres qu'il peut faire après certaines formalités accomplies, d'autres qu lui sont absolument interdits.

Si le tuteur a compromis ou donné, il y a nullité ; en cas de violation des formes prescrites, il y a nul-

lité (v. art. 1311). Mais la rescision s'applique-
t-elle, 1° à la première catégorie d'actes, 2° à la
deuxième, les formalités ayant été remplies.

Parlons d'abord de la deuxième.

Il est certains actes sur la stabilité desquels la loi
s'est expliqué.

V. l'art. 1314, relativement aux aliénations
d'immeubles ;

V. les art. 1314, 840, 466, relativement aux
partages ;

V. l'art. 462, relativement aux répudiations de
successions ;

V. l'art. 463, relativement à l'acceptation des
donations ;

V. l'art. 2052, relativement aux transactions.

Quand les formalités ont été remplies, les mineurs sont, relativement à ces actes, considérés
comme s'ils les avaient faits en majorité, c'est-à-
dire, ils ne jouissent pas du bénéfice de restitution.

Faut-il décider de même, par analogie, aux cas
d'une hypothèque ou d'un emprunt consenti par
le tuteur en vertu de l'autorisation du conseil de
famille, et après homologation du tribunal (v. art.
457, 458)? *quid* si le tuteur, agissant régulièrement, a accepté une succession sous bénéfice
d'inventaire ou acquiescé en matière immobilière
au nom du mineur (v. art. 461, 464)? Enfin, si le
tuteur a fait une vente de meubles, conformément

à l'art. 452, le mineur pourra-t-il faire rescinder,
afin d'obtenir un supplément de prix ?

La question revient à celle-ci ; pourquoi le mineur n'est-il pas admis à la restitution, dans les cas
indiqués ci-dessus?

« On a voulu par ces formalités mettre le mineur dans la possibilité de contracter, et non le
placer dans une position moins favorable que le
majeur. » (Bigot de Préameneu, exposé des motifs).

« Il était convenable de rassurer pleinement
ceux qui traiteraient avec des mineurs, en suivant
les formalités prescrites, à cause de cette idée si
invétérée, et qui s'est souvent réalisée, qu'il n'y
avait pas de sûreté à traiter avec les mineurs... Il
fallait souvent des demi-siècles pour savoir si une
affaire traitée avec un mineur pouvait être regar-
dée comme absolument consommée. L'intérêt des
mineurs, celui des familles, le respect dû à la morale publique, exigeaient que la personne et les
biens des mineurs fussent environnés de toute la
protection de la loi. Mais enfin, on est souvent
forcé de traiter avec les mineurs, et des mineurs
ont souvent besoin qu'on traite avec eux ; il faut
donc que l'intérêt des tiers soit garanti lorsque les
tiers ont suivi les formes prescrites par la loi. »
(Jaubert, rapport au Tribunat).

Les formalités dont le Code exige l'accomplissement sont des garanties sérieuses. Il n'est pas à présumer que l'autorisation du conseil de famille, de ce tribunal domestique composé de parents et d'amis, et présidé par un juge de paix, sera donnée à la légère. En outre, dans certains cas, les résolutions du conseil de famille ne sont exécutoires qu'après homologation par le tribunal, et la cause est communiquée au ministère public; or, nous devons toute confiance à la sollicitude prudente des magistrats :

Des Français ils sont les pères !

Souvent, à la vérité, le conseil de famille ne sera composé que d'alliés, de collatéraux et d'amis, d'amis ou de collatéraux ou d'alliés ; or, la sollicitude des alliés et des collatéraux ne sera pas bien vive ; quant aux amis, ce sont parfois des personnes qui étaient liées avec les parents du mineur par des relations de bon voisinage ou d'affaires, indifférentes à leur mémoire, sans affection grande pour le mineur. Si le tuteur est un ascendant, le conseil de famille a en lui une confiance illimitée à raison de sa qualité ; si c'est un tuteur datif, à raison du choix qu'il en a fait. Il est évident que, toutes les formalités accomplies, le mineur peut se trouver lésé, mais la loi ayant fait le possible pour le protéger, il ne faut pas que les tiers soient victimes, ni le rendre malheureux lui-même à force de le gâter.

Telles sont les considérations qui ont déterminé les rédacteurs à déroger à l'ancien droit qui accordait au mineur le bénéfice de restitution contre toutes sortes de conventions, nonobstant l'accomplissement des formalités. « Ces formalités, disaient nos vieux auteurs, n'ont été établies que pour mettre les mineurs à l'abri de la lésion, et non pour les en rendre victimes. » (Bourjon, Droit commun de la France, t. II, p. 587). Pour mieux sauvegarder les intérêts du mineur, on sacrifiait ceux des tiers ; l'expérience a démontré les vices de ce système.

Or, l'hypothèque, l'emprunt, l'acquiescement, l'acceptation d'une succession, sont environnés des mêmes garanties que les actes sur la stabilité desquels la loi s'est expliquée. Pour la vente du mobilier corporel, l'art. 452 prescrit « la forme la plus propre à assurer un prix avantageux, et à prévenir toute fraude. » (M. Dem., C. a. II, n° 210). Le prêteur, le créancier hypothécaire, sont dignes d'intérêt autant que l'acheteur et l'échangiste ; pourquoi ceux-ci seraient-ils à l'abri, ceux-là pouvant être inquiétés ? Dans bien des circonstances, il est plus utile d'emprunter que de vendre ; est-il sage d'effrayer les capitalistes, en sorte que le tuteur ne puisse faire de l'argent, quand il sera besoin, que par la vente, quelquefois à bas prix, des biens de son pupille ? L'hypothèque est un puissant moyen de crédit : celui dont tous les biens sont hypothéqués ne trouve pas de prêteurs ; celui-là en trouvera-t-il aisément, qui ne peut en hypothéquer aucun ? Les cohéritiers du mineur n'ont peut-être accepté la succession qu'en vue de l'acceptation bénéficiaire, qui obligeait ce mineur au rapport. Le mineur ne peut intenter procès contre ceux avec qui le tuteur a transigé ; il y a de bonnes raisons pour cela ; mais il y en a d'autres et non moins bonnes pour le maintien de l'acquiescement. Si un vendeur majeur a été lésé de plus des 7/12 dans le prix d'un immeuble, il a le droit de demander la rescision de la vente ; il n'a pas ce droit s'il a vendu un meuble (V. art. 1674) ; *a simili* la vente du mobilier par le tuteur n'est jamais rescindable. Le mineur n'est pas restituable contre une donation régulièrement acceptée, quelle que soit l'étendue des charges ; le créancier hypothécaire, l'emprunteur, le cohéritier, celui qui oppose l'acquiescement, l'acheteur de meubles, sont-ils moins favorablee que le donateur réclamant l'accomplissement des charges ?

Conclusion : les actes de la deuxième catégorie sont inattaquables, si les formes ont été remplies.

Cependant, ce n'est pas sans hésitations que je décide ainsi, car voici ce que dit l'art. 1305 : « La simple lésion donne lieu à la rescision en faveur du mineur non émancipé contre toutes sortes de conventions. »

J'arrive aux actes que le tuteur peut faire seul.

Si le tuteur se renfermant dans les limites de son mandat, a passé bail à des conditions désavantageuses ou vendu à bas prix des créances ou des actions que l'intérêt du mineur commandait de conserver, s'il a fait un mauvais placement, acheté cher un mauvais immeuble, etc., l'acte peut-il être rescindé, ou s'il est inattaquable ?

Ici encore, il est difficile de découvrir ce qu'ont voulu les rédacteurs.

Suivant l'art. 1305, la simple lésion donne lieu à la rescision en faveur du mineur non émancipé contre toutes sortes de conventions. Mais suivant la fin du même article, le mineur émancipé n'est pas restituable contre les actes qui n'excèdent pas les bornes de sa capacité ; c'est-à-dire, le mineur émancipé ne jouit pas du bénéfice de restitution au moins quant aux actes de pure administration, lesquels il peut faire seul. Or, il n'est pas vraisemblable que le Code ait eu plus de confiance dans les talents administratifs d'un adolescent, que dans la raison et l'expérience d'un homme fait.

Suivant l'art. 481 Pr., les mineurs seront reçus à se pourvoir par la requête civile, s'ils n'ont été défendus ou s'ils ne l'ont été valablement. Mais suivant le même article, l'Etat, les communes, les établissements publics jouissent de la même prérogative, bien que non restituables contre les contrats passés par leurs administrateurs.

Aux termes de l'art. 2252, la prescription ne court pas contre les mineurs. Mais les courtes prescriptions, c'est-à-dire celles de cinq ans et au-dessous courent contre eux, et ce sont les plus dangereuses (art. 2278); enfin la péremption court contre eux (art. 398 Pr.), et de même les délais pour interjeter appel ou opposition (art. 444 Pr.).

La loi s'est montrée plus soucieuse de l'intérêt des mineurs que de l'intérêt des tiers dans les art. 2252 et 2135; mais le deuxième intérêt l'emporte dans les art. 2278, 398, 444 précités, 942, 1070, 2195, 462.

Dans le droit romain et dans notre ancienne jurisprudence, au temps de Domat, les actes faits par le tuteur étaient rescindables pour lésion : « Le pouvoir du tuteur, disait Domat, se borne à ce qui peut être utile au mineur. » (Lois civiles, liv. 4, tit. 6, sect. 2e, § 19).

Mais au temps de Pothier, la pratique avait admis que les actes de pure administration nécessaire faits par le tuteur n'étaient pas rescindables (V. Traité de la procédure civile, partie 5, chap. 4, art 2, § 1). Les rédacteurs ont-ils voulu, mettant de côté cette pratique, qui était en vigueur lors de la confection du Code, faire revivre la théorie du droit romain que nos pères avaient jugée vicieuse? C'est possible, mais non pas vraisemblable

Ce qui augmente l'invraisemblance, c'est que, dans l'ancien droit, même les actes faits en justice pouvaient être rescindés dans l'intérêt des mineurs. Quant à plusieurs entre les actes assujettis à des formalités, le Code a innové certainement: s'il a innové là et retrogradé ici, je dis qu'il a avancé d'un pas ou d'un demi-pas, pour en faire deux en arrière.

Dans le droit de Justinien, d'après une constitution de cet empereur, si le débiteur d'un mineur avait payé au tuteur ou au curateur en s'y faisant au préalable autoriser par justice, ces formes observées, il y avait pour lui sécurité complète, *plenissima securitas* (v. Inst. lib. 2, tit. 8, § 2). Sous l'empire du Code Napoléon, si quelqu'un verse dans les mains du tuteur ce qu'il doit au mineur (et à supposer qu'un débiteur se refusât à payer, le tuteur obtiendrait condamnation contre lui), que ce tuteur devienne insolvable, en sorte que tout ou partie de ce qui a été payé soit perdu pour le mineur, dirons-nous que le paiement est rescindable? dirons-nous que le débiteur est tenu de payer une seconde fois? oui, si le mineur est restituable contre les actes de son tuteur. (V. C. 1. 1, *si advers. solut.*) D'où il suit qu'il n'y a pas sécurité complète à contracter même avec un majeur ; d'ou il suit qu'une personne peut être obligée par le délit ou le quasi-délit d'un tiers, qui n'est pas son représentant et dont elle n'a pas le droit de surveiller la conduite, et pour avoir obéi à la convention, qui est la loi des parties, et avoir prévenu ou exécuté un jugement qui, au cas de refus ou de retard dans l'exécution, condamne le débiteur au paiement du capital, de dommages-intérêts et aux dépens. Nos adversaires reculeront-ils devant ces conséquences rigoureuses mais logiques de leur système ? (v. D. l. 7, § 2, *de min.*) Et alors distingueront-ils si la créance a été transmise d'un majeur à un mineur ou si elle est née en la personne du mineur? *Quid* si l'acte est un de ceux énumérés aux art. 1314, 462, 463, 2052 et que les formes prescrites aient été observées? *Quid* en dehors des cas prévus par ces articles si l'acte a été passé par le tuteur agissant dans les limites de ses pouvoirs et que le mineur n'ait pas été lésé ? Que nos adversaires y prennent garde ! Si sur un seul de ces points, il tombent d'accord avec nous, ce même article 1305 qu'ils invoquent, c'est lui qui les condamne! Je suis redevable de cet argument aux bienveillantes observations de M. Bonnier.

Dernière considération : l'interdit n'est par restituable contre les actes que son tuteur a faits seul dans les limites de ses pouvoirs. Or, pourquoi le mineur serait-il protégé, je ne dis pas mieux, mais davantage que l'interdit ? Pourquoi les tiers seraient-ils plus maltraités dans un cas que dans l'autre?

Conclusion : Je crois que les actes de la 1re catégorie non plus que ceux de la 2e ne sont rescindables pour lésion.

M. Demante est d'avis contraire : sauf les exceptions consacrées par les art. 1314, 463, etc., dont j'ai argumenté *a simili* et dont il argumente *a contrario*, il reproduit la théorie des jurisconsultes romains, de Domat et de Bourjon ; la base de son système, c'est l'art. 1305 (v. Progr., t. 2, p. 380 s).

On peut citer, à l'appui de ce système, ces paroles de Bigot de Préameneu, dans son exposé des motifs du titre de la prescription : « Les mineurs et les interdits sont déclarés incapables d'aliéner ; la règle générale est d'ailleurs qu'ils sont restituables contre ce qui leur porte préjudice ; et par ce motif, ils devraient l'être contre la négligence dont la prescription aurait été la suite. Le cours de la prescription doit donc être suspendu pendant le temps de la minorité et de l'interdiction. » Le mineur est restituable contre ce qui lui porte préjudice : voilà un puissant argument en faveur du système de M. Demante. Mais faites attention que Bigot de Préameneu parle cumulativement du mineur et de l'interdit : les interdits sont-ils restituables contre les actes de leur tuteur ? Je ne crois pas que M. Demante soit de l'avis de l'affirmative. (V. C. analyt. t. 2, n° 281 bis).

On pourrait soutenir que les actes assujettis à des formalités et régulièrement faits sont rescinda-bles pour lésion, sauf les cas prévus par les art. 1314, 463, etc..., mais qu'il en est autrement des actes faits par le tuteur. Ce système serait assez conforme à la pratique française au temps de Po-thier et lors de la rédaction du Code, et il n'est pas certain qu'on ait voulu s'en écarter. Mais il suffit qu'il y ait doute à cet égard pour que je n'a-dopte pas un système qui me semble contradic-toire avec lui-même et dangereux dans la pratique. De ces deux vices, le second y est à un moindre degré que dans le système de M. Demante ; mais il est peu logique que les actes d'administration faits par le tuteur soient inattaquables, si vous ap-pliquez la rescision pour lésion à des actes revêtus de l'autorisation du conseil de famille et homolo-gués par le tribunal.

2. S'il était bien démontré que la rescision ne s'applique pas aux actes passés par le tuteur, la proposition inverse irait de soi, relativement à ceux passés par le mineur. Si non, il faut rayer l'art 1305. Mais à travers tant de controverses et si sérieuses, il est possible que je me sois trompé dans l'élection d'un parti, je vais donc essayer de prouver que les

mineurs sont capables de contracter, et généralement de faire tous les actes non assujettis à des formalités spéciales, sauf la rescision s'ils sont lésés.

Sur cette question, la controverse est moins vive que sur la précédente. La Cour de cassation, arrêt du 18 juin 1844, a reconnu que les actes faits par le mineur seul ne sont pas nuls, mais seulement rescindables pour lésion, et les auteurs les plus récents se sont rangés à ce système, y compris M. Demante, autrefois son adversaire, et qui, relativement aux actes faits par le tuteur, est demeuré ferme à soutenir l'un des deux systèmes que je combattais tout à l'heure (V. Progr., t. 2, p. 380 s.).

A mon avis, cette question-ci n'est pas douteuse, mais avant de la discuter, je veux, à la suite de tous les auteurs, M. Marbeau excepté, réfuter cette idée de Merlin que les actes du mineur ne sont jamais rescindables que pour lésion, qu'ils soient réguliers en la forme, l'assistance du tuteur manquant seule à leur validité, ou qu'ils soient irréguliers. (V. Merlin, Quest., hypoth., § 4; Marbeau, Transact, n° 42). Cette théorie n'est pas rationnelle et il est assez évident que l'art. 1311 la condamne : en effet, cet article oppose les actes nuls en la forme, c'est-à-dire ceux assujettis à des formalités spéciales dans l'intérêt du mineur et qui ont été faits en violation de ces formes, à ceux sujets à rescision ; donc ceux énumérés dans les art. 457 à 467, sont nuls et non pas rescindables, quand les formes n'ont pas été observées, et quel que soit l'auteur de l'acte.

Donc, pour que la question de savoir si tel acte du mineur est rescindable s'élève, il faut supposer que l'accomplissement de formes spéciales n'était pas prescrit : exemple, le mineur a fait acquisition de meubles ou d'immeubles, pris ou donné à bail.

D'après l'art. 1124, le mineur est incapable de contracter : et cela se conçoit, a-t-on dit, puisqu'il a un tuteur qui le représente dans tous les actes de la vie civile, et qu'il est présumé faible d'esprit et sans expérience. Mais le mineur, et c'est le même article 1124 qui le dit, et l'art. 1125 le répète, n'est incapable que dans les cas prévus par la loi.

Quels sont ces cas?

1° Le mineur âgé de moins de seize ans ne peut aucunement disposer, sauf ce qui est réglé au chap. IX du titre II, livre 3 (V. art. 903, 1095).

2° Il ne peut compromettre (V. art. 1004, 83 Pr.).

En sens inverse, le mineur n'est pas restituable contre les conventions portées en son contrat de mariage, quand elles ont été faites avec le consentement et l'assistance de ceux dont le consentement est requis pour le mariage (V. art. 1309, 1095, 1398).

Sans contredit, il n'est pas restituable contre les engagements qu'il a pris, étant assisté de son tuteur, s'il n'y avait pas de formes prescrites ou si celles prescrites ont été remplies.

Enfin, le mineur artisan n'est pas restituable contre les engagements qu'il a pris à raison de son art (V. 1308).

Mais il faut dire, relativement aux autres contrats, que le mineur peut les faire seul, sauf rescision. Il en était ainsi dans notre ancienne jurisprudence (v. Domat, Lois civiles, livre 4, titre 6, sect. (2,§ 1, et livre 1, titre 1, sect. 5, § 5; Pothier, Procédure civile, partie 5, chap. 4, § 1). L'art. 1305 permet au mineur d'agir en rescision contre toute convention par laquelle il est lésé, et sans doute il suppose que le mineur a figuré lui-même au contrat, car telle est la supposition de l'article précédent et des art. 1306, 1307 et suivants. Enfin, la lecture de l'exposé des motifs et du rapport de Jaubert au Tribunat est plus convaincante encore.

Je me borne à en extraire les deux passages suivants :

« Un mineur est incapable de contracter en règle générale, mais un mineur peut être capable de discernement : le lien de l'équité naturelle peut se trouver dans un contrat passé par un mineur... S'il s'agit d'un mineur non émancipé, la simple lésion donne lieu à la rescision en sa faveur. Il ne sera pas restitué comme mineur, il pourra l'être comme lésé. » (Jaubert, rapport au Tribunat).

» Il résulte de l'incapacité du mineur non émancipé qu'il suffit qu'il éprouve une lésion pour que son action en rescision soit fondée. S'il n'était pas lésé, il n'aurait pas d'intérêt à se pourvoir et la loi lui serait même préjudiciable, si, sous prétexte de l'incapacité, un contrat qui lui est avantageux pouvait être rescindé. Le résultat de son incapacité est de ne pouvoir être lésé, et non de ne pouvoir contracter : *Restituitur tanquàm læsus, non tanquàm minor.* » (Bigot de Préameneu, exposé des motifs). »

Donc le mineur est capable. Mais s'il en est ainsi, d'où vient que la loi le range parmi les incapables ?

Il faut observer que, d'après les art. 1124 et 1125, le mineur est incapable, mais seulement dans les cas exprimés par la loi. Cette restriction est-elle un renvoi, 1° aux art. 903 C. Nap., 1004, 83 Pr., 2° à l'art. 1311 qui prononce la nullité au cas où les formalités prescrites n'ont pas été remplies?

Si tel est le sens des articles 1124 et 1125, mieux valait ranger le mineur dans la classe des personnes capables : le tuteur ne peut donner ni compromettre au nom du mineur ; s'il a fait seul

un des actes énumérés aux articles 457-467, l'acte
est nul ; et cependant aux termes de l'article 450,
le tuteur représente le mineur dans tous les actes
de la vie civile.

Les articles 1124 et 1125 sont mal rédigés. Je
pense que leur rédaction bizarre et entortillée cache
une allusion, un renvoi à l'article 1305, lequel ne
permet au mineur de faire tomber l'acte qu'à condition qu'il soit lésé : le mineur est incapable de se
léser en contractant, c'est ainsi qu'il faut traduire ;
et la preuve de cette assertion, je la tire des deux
passages que je citais tout à l'heure, comme on
peut s'en convaincre par une deuxième lecture.

Si nos adversaires trouvent cette traduction trop
libre, je les prie d'observer qu'aucun texte dans le
Code ne dit que le mineur soit incapable de faire
les actes que le tuteur peut faire ; donc ils sont
obligés de convenir qu'il en est capable, à moins
qu'ils ne persistent à se rattacher à l'art. 1311 en
le détournant de son véritable sens, considérant
comme une forme l'autorisation ou la représentation par le tuteur, et par conséquent comme nuls en
la forme, les actes que le mineur a faits seul.
MM. Aubry et Rau ont entrepris de réfuter cette
prétention ; je ne pourrais que les copier : j'y renvoie (Zachariæ, § 335, note 7). D'ailleurs au besoin,
je citerais encore une fois et les articles de notre
section et les travaux préparatoires. J'ajoute, d'a-

près l'observation d'un de nos professeurs, que dans l'ancienne jurisprudence on a toujours considéré comme des formalités l'autorisation du conseil de famille et l'homologation du tribunal, mais jamais la représentation par le tuteur ou son autorisation.

Je crois que notre système fondé sur les textes et sur l'esprit du Code est le seul admissible dans la pratique : quel tribunal voudra jamais admettre que les conventions passées par un mineur pour logement, habillement, nourriture, sont nulles par cela seul qu'il est mineur ?

Les Romains, il est vrai, considéraient le pupille comme incapable de s'obliger en contractant, n'envisageant que le résultat brut, immédiat de l'opération : celui qui s'oblige, disaient-ils, empire sa condition : *Deteriorem conditionem facit* (v. Inst. lib. 1, tit. 21). Mais c'était là une théorie mesquine, préjudiciable aux tiers, préjudiciable au pupille lui-même, difficile à s'expliquer, si l'on ne réfléchit que la pupillarité cessait à 12 ans pour les filles, à 14 ans pour les garçons.

En sens inverse, chez les Romains, le pupille était capable d'acquérir par contrat ; donc en acceptant une donation, il faisait un acte valable. Chez nous, le mineur est capable et d'acquérir et de s'obliger par contrat, mais l'acceptation qu'il ferait d'une donation serait nulle en la forme (v. art.

463, 935) ; cela est incontestable, et même nulle absolument, suivant beaucoup d'auteurs. Le droit civil romain est bien éloigné de notre droit et de nos idées modernes, ce n'est pas là qu'il faut chercher la lumière.

Il y a plusieurs causes d'acquisitions des droits personnels et des droits réels autres que le contrat. Le mineur est-il incapable d'acquérir ou de perdre par délit, quasi-délit, dernière volonté, volonté de la loi, quasi-contrat?

1° Par délit et quasi-délit?

Le mineur n'est pas restituable contre les obligations résultant de son délit ou de son quasi-délit (v. art. 1310, 1307), pourvu qu'il ait su ce qu'il faisait (v. art. 1382 C. Nap., 64 C. pén.).

Si en s'immisçant dans les affaires d'autrui, il a commis une faute, il en est responsable, car c'est un quasi-délit.

Si, le mineur, étant dépositaire, dissipe la somme ou endommage l'objet déposé, il est tenu de son délit. L'est-il également de sa faute? Je pense que non.

2° Par dernière volonté?

Le mineur parvenu à l'âge de seize ans ne pourra disposer que par testament, et jusqu'à concurrence seulement de la moitié des biens dont la loi permet au majeur de disposer (art. 904).

3° Par la volonté de la loi?

Avant même que l'enfant soit sorti du ventre de sa mère, il a des droits; il a aussi des obligations et il faut qu'il les subisse puisque c'est la volonté de la loi qui doit être exécutée.

4° Par quasi-contrat?

Si le mineur n'est pas l'auteur du fait cause de l'obligation, il est tenu, et sans espoir de restitution; en effet, la restitution a pour fondement son peu de discernement et d'expérience.

Donc si l'affaire du mineur a été bien administrée, il est tenu vis-à-vis du gérant comme le serait un majeur, et il n'importe que des cas fortuits n'aient pas laissé subsister l'utilité de la gestion (v. art. 1375; v. Pothier, Gest. d'affaires, n° 224).

Si c'est le fait du mineur qui engendre l'obligation, sera-t-il obligé? et s'il est obligé, pourra-t-il demander la restitution?

Aux termes de l'article 1128, le mineur ne peut être exécuteur testamentaire.

Quant aux acceptations et répudiations de successions, v. 776, 461, 462, 1311.

Remarquez, en passant, que le mineur pourra être relevé de la renonciation régulièrement faite par le tuteur autorisé du conseil de famille, mais sauf les droits des tiers.

Relativement aux autres quasi-contrats, la loi ne s'explique pas.

De l'article 1310 *à contrario*, il est permis de

conclure que le mineur peut s'obliger par quasi-contrat, sauf le bénéfice de restitution; mais de l'art. 1124, entendu en ce sens que le mineur est capable de contracter sauf rescision, on pourrait conclure que le mineur est incapable de s'obliger par quasi-contrat, ce qui serait absurde, ou que du moins il ne jouit pas du bénéfice de rescision, ce qui se comprend mieux. Néanmoins, je suis pour le premier système : le mot *contracter* a plus d'un sens sous la plume des praticiens; les motifs qui ont été donnés de l'article 1124 par l'orateur du gouvernement s'appliquent à toute espèce d'actes; dans le silence de la loi, il est plus naturel d'appliquer aux quasi-contrats les règles des contrats que celles des délits et quasi-délits ; enfin j'invoque l'ancienne jurisprudence.

Donc si le mineur a géré l'affaire d'autrui, il est restituable contre les conséquences de la gestion imprudemment entreprise, en sorte qu'il ne sera tenu de la continuer et de l'achever (v. art. 1372).

De tout ce qui précède, il suit que le mineur est capable de contracter en règle générale, mais cette capacité est mitigée, en général, par le droit qu'il a de demander la rescision pour lésion.

Il semble que le Code déroge à cette théorie au cas de paiement par un mineur. Art. 1238: « Pour payer valablement, il faut être capable d'aliéner la chose donnée en paiement. Néanmoins le paiement d'une somme en argent ou autre chose qui se consomme par l'usage, ne peut être répété contre le créancier qui l'a consommée de bonne foi, quoique le paiement en ait été fait par celui qui n'était pas capable de l'aliéner. »

A n'en pas douter, l'art. 1238 fait allusion au mineur tout aussi bien qu'à l'interdit ou à la femme mariée, puisque la logomachie du Code le range parmi les incapables. Est-il vrai que le mineur ne peut payer valablement ? Est-il vrai que la consommation de bonne foi par le créancier valide le paiement nul jusqu'à cet instant ?

Réponse à la première question :

La convention de donner, quand elle a pour objet un corps certain, opère instantanément mutation de propriété (v. art. 1138); donc la prestation de ce corps certain n'est que l'exécution d'une aliénation consommée; donc l'incapacité d'aliéner n'est pas un obstacle à la validité du paiement. Il est vrai que si le transport de la propriété a été différé jusqu'au jour du paiement, soit en vertu l'une convention expresse, soit parce que l'objet lù n'a pas été déterminé *in corpore* lors du contrat, 'incapable d'aliéner est par cela même incapable de 'ayer. Mais j'ai interprété l'article 1124 en ce sens que le mineur est seulement incapable de se léser

en contractant; conséquence: il peut aliéner, sauf
rescision s'il est lésé. Donc si l'obligation qu'il veut
éteindre n'est pas nulle, ni rescindable, ni éteinte
par prescription, si elle est dès à présent certaine,
exigible, non alternative ni facultative, ou si débiteur d'un genre il n'a pas presté une chose de la
meilleure espèce, en payant, le mineur n'a pas excédé
les bornes de sa capacité : qui paye ses dettes s'e
richit : en dégrevant son patrimoine, il a augmen.
son crédit d'autant. Que si l'obligation était nulle ou
rescindable, etc., il n'importe qu'en payant, le mineur ait aliéné ou exécuté une aliénation accomplie :
il est lésé, et par cela seul le paiement n'est pas valable. Donc la règle est celle-ci : le mineur peut
payer, et voici la restriction : il est incapable de se
léser par un paiement. Ainsi que le font observer MM. Aubry et Rau (Zachariæ, II, 854,
note 12), « l'art. 1238, en disant que pour payer
valablement, il faut être capable d'aliéner la chose
donnée en paiement, pose un principe dont il
ne détermine pas les conséquences, puisqu'il ne
dit pas ce que deviendra le paiement fait par l'incapable ; c'est dans les dispositions qui statuent
sur les aliénations faites par les incapables qu'il faut
chercher la solution de la question dont il s'agit. »

Deuxième question : Le mineur, qui a payé à
son préjudice, sera-t-il déchu du bénéfice de restitution, parce que le créancier a consommé de bonne

foi la somme d'argent ou la chose fongible ou le corps certain? L'art. 1238, al. 2, déroge-t-il à l'art. 1305? jusqu'à quel point? pourquoi?

Il s'agit dans l'espèce d'un créancier qui a consommé de bonne foi, c'est-à-dire qui a exercé son droit d'*abusus* sur la chose, s'imaginant que le paiement l'en a rendu propriétaire. Supposons que sa persuasion à cet égard est erronée en droit : il pensait que le mineur de vingt-un ans est capable suivant la même étendue et de la même manière que l'homme de vingt-un ans accompli. Produire en justice une allégation de ce genre, c'est se targuer d'une ignorance coupable, invraisemblable, *nemo jus ignorare censetur*, cette présomption est d'ordre public ; elle n'admet pas la preuve contraire. Supposons que sa persuasion est erronée en fait : il a consommé, croyant qu'il avait eu affaire à son débiteur majeur. Qu'il ait consenti à recevoir paiement sans s'informer au préalable de l'âge de ce débiteur de bonne volonté, je le conçois ; mais qu'il ait agi en maître, sans autre fondement à son erreur qu'une insouciance prolongée, cette insouciance est une faute, or, *qui damnum culpa sua sentit non sentire videtur*.

Si le débiteur arrivé à sa majorité, avait payé, en conséquence d'une erreur de droit ou de fait, une dette nulle ou rescindable ou prescrite, ou si débiteur d'un genre il avait presté par erreur une chose de la meilleure espèce , ou si débiteur sous alternative, d'une manière facultative, sous condition ou à terme, il avait payé, se croyant débiteur pur et simple, dans toutes ces hypothèses il peut répéter suivant, l'avis commun, et même suivant quelques auteurs, il conserve ce droit, contre le créancier qui a consommé de bonne foi, non seulement si ce créancier s'est enrichi, mais encore s'il est en faute d'avoir consommé (arg. art. 1382, 1383). Si l'on admet cette théorie, comment le mineur qui s'est lésé voulant éteindre une dette, n'aurait-il pas le même droit, lui présumé faible d'esprit et sans expérience, facile à se laisser tromper et à se tromper soi-même !

Ce nonobstant, l'art. 1238, dans son 2ᵉ al., déroge et à l'art. 1305 et à l'art. 1382. Si j'osais, je l'effacerais, mais ce serait méconnaître la pensée du législateur que nous devons respecter, toutes les fois qu'elle est manifeste, quelles que soit les raisons de cette volonté, bonnes ou mauvaises, voire si elle est inexplicable. Il semble même qu'il faille appliquer l'art. 1238, al. 2, sans distinguer, quant à la nature de l'objet dû, chose fongible ou corps certain. Donc le créancier ne doit au mineur aucune indemnité à raison du dommage qu'il lui a causé par sa faute? Donc il peut s'enrichir à ses dépens? N'y a-t-il aucun moyen de paralyser ou

out a u moins de restreindre l'application de l'art.
1238, 2ᵉ al. ?

Suivant M. Duranton (XII, n° 29), le mineur
peut répéter, excepté s'il n'est pas lésé, c'est-à-dire
il peut répéter, excepté s'il n'a pas intérêt à la
répétition. Mais alors la condition du créancier
qui a consommé de bonne foi, n'est aucunement
priviligiée : *pas d'intérêt, pas d'action*, c'est un
principe sans exception. Nous avons vu que le
1ᵉʳ al. de l'art. 1238 n'a aucun sens, ou bien
il signifie : *le mineur ne peut se léser par un
paiement*. Donc le 2ᵉ al. qui s'annonce comme dé-
rogeant au premier, en faveur du créancier qui a
consommé de bonne foi, prévoit précisément le cas
où le mineur est lésé par l'effet du paiement.

« Peut-être, dit M. Mourlon (Répétit. écrites,
II, 593, note), laloi a-t-elle entendu exclure seulement la revendication, d'après la règle, *res extinctæ
vindicari non possunt*. Dans ce système, notre
article serait étranger à la question de savoir si
l'incapable n'a pas le droit d'agir contre le créancier
par action personnelle, pour obtenir de lui la répa-
ration du préjudice qu'il lui a causé, en consom-
mant la chose sujette à répétition ; cette action
personnelle aurait son principe dans l'article 1382,
aux termes duquel, quiconque, par sa faute, cause
un dommage, est obligé de le réparer. »

Je n'admets pas ce système qui viole la loi, tout

en feignant de la respecter. Si d'une manière générale, nous permettons au mineur d'agir par voie d'action personnelle pour répéter ce qu'il ne peut revendiquer, nous allons contre le texte de l'article : « *ne peut être répété* ; » et en outre, nous en méconnaissons l'esprit, en permettant au mineur d'agir contre le créancier qui a consommé de bonne foi, tout aussi bien que contre le créancier qui a consommé de mauvaise foi.

Le mineur ne peut confirmer (art. 1338, 1304), ni renoncer à la prescription acquise (art. 2222). De là MM. Aubry et Rau tirent cette conséquence, qu'il peut répéter toutes les fois qu'il a payé une dette nulle, rescindable ou prescrite (Zachariæ, II, p. 358, note 19). Mais puisque ces auteurs ont interprété le 1er al. de l'art. 1238 en ce sens que le paiement fait par le mineur est rescindable pour lésion, par là ils ont reconnu tacitement que le 2e alinéa du même article signifie que le mineur n'est pas privilégié contre le créancier qui a consommé de bonne foi. Or, les art. 1338, 1304, 2222, en ce qui concerne l'incapacité pour le mineur de confirmer et de renoncer à la prescription acquise, sont des conséquences de sa condition privilégiée.

Si l'on suit l'un ou l'autre des trois systèmes que je viens de combattre, il arrivera que, dans bien des cas, le paiement tournera au détriment du créancier qui a consommé de bonne foi, malgré ce que disait Bigot de Préameneu, « que l'équité ne permet pas que ce créancier puisse être inquiété. » (V. l'exposé des motifs du tit. 3, liv. 3).

Quant à moi, je reconnais que le créancier n'est pas responsable de l'étourderie qu'il a commise en consentant à recevoir paiement de quelqu'un qu'il croyait majeur, et qui ne l'était pas encore, ni du tort qu'il a eu de se comporter en maître jusqu'à transformer, détruire ou aliéner la chose : à ce point de vue l'art. 1238, alinéa 2, déroge à l'art. 1382. Par contre-coup il déroge à l'art. 1305. Ainsi, je pose en principe que le créancier qui a consommé de bonne foi ne peut pas être inquiété par le mineur.

Mais si c'est par un caprice extravagant que le créancier a détruit ou transformé la chose, ou si par suite d'une négligence coupable il l'a laissée se détériorer ou périr, on peut se demander s'il n'en est pas responsable en vertu des art. 1382, 1383.

Deuxièmement, entre cette proposition : *le créancier a consommé de bonne foi*, et celle-ci, *qu'il lui soit permis de s'enrichir aux dépens du mineur*, il n'y a assurément aucune corrélation ; et la loi n'a pas pensé que la bonne foi du créancier l'autorisât à s'enrichir aux dépens du mineur, puisque celui-ci peut répéter, tant qu'il n'y a pas eu consommation. Donc, si ce qui a été payé au créancier n'est plus en nature dans son patrimoine, mais qu'il en ait tiré profit, le mineur peut répéter *quatenus creditor locupletior factus est.*

En d'autres termes, je fais à l'espèce prévue par l'art. 1238, alinéa 2, l'application complète des principes de la *condictio indebiti* : vis-à-vis du créancier qui a consommé de bonne foi, le mineur est réputé majeur.

Le bénéfice de restitution suit le mineur dans toutes les parties du droit ; et pour en donner un exemple, il a été jugé par la Cour de Metz, 25 avril 1849, que pour renoncer à la qualité de Français, il faut être majeur : on ne peut permettre l'aliénation de ses droits civils et politiques à un individu impuissant à aliéner valablement la moindre parcelle de ses immeubles ou de ses meubles.

3. Il va de soi que le mineur n'est pas restituable contre les actes de ses auteurs ; d'où cette conséquence que la prescription conventionnelle commencée contre un majeur continue contre le mineur (V. art. 1603). Et remarquez que l'art 1663, contrairement aux théories de Dumoulin et de Duplessis, n'accorde pas la restitution au mineur, même au cas d'insolvabilité du tuteur. Les biens du tuteur sont grevés de l'hypothèque légale, ce qui est une atteinte au crédit d'un grand nombre de personnes ; la prescription ne court pas contre le

mineur, en sorte qu'on voit des actions perpétuées pendant cinquante, soixante ans, à l'insu des possesseurs, par des minorités successives : ce qui est un mal intolérable, observait le tribunal de cassation sur l'art. 2252. Mais ce serait bien pis si le mineur était restituable contre les actes de ses auteurs : nul n'oserait contracter même avec un majeur, se pouvant qu'il laisse un mineur son héritier.

4. Parlons du mineur émancipé : voyons quels sont les actes contre lesquels il a le bénéfice de restitution.

Le mineur émancipé est incapable de contracter, mais seulement dans les cas prévus par la loi (V. art. 1124, 1125).

Il ne peut en général donner (V. art. 903, 904, 1095, etc...).

Il ne peut compromettre (V. Pr., art. 1004, 83).

S'il est commerçant, banquier ou artisan, il n'est pas restituable contre les engagements qu'il a pris à raison de son commerce ou de son art (V. art. 1309, 487 ; Co. 2, 3, 6).

Les conventions ou donations qu'il a faites dans son contrat de mariage, sont valables, pourvu qu'il ait été assisté, dans le contrat, des personnes dont le consentement est nécessaire pour la validité du mariage (art. 1398).

Il n'est pas restituable contre les actes qui ne

sont que de pure administration ; ainsi il passera
les baux dont la durée n'excédera point neuf ans,
recevra ses revenus, en donnera décharge, etc...
(art. 481).

Puisqu'il n'est pas restituable contre les actes de
pure administration , il peut vendre le mobilier ,
mais je crois, d'accord avec M. Demante et par
application de l'art. 484, al. 1, qu'il ne peut vendre les universalités de meubles ou les meubles
précieux, que dans la forme prescrite par l'art 452
(V. C. analyt., II, n° 249 bis, 3). Quant au mobilier incorporel autre que rentes sur l'Etat et actions
sur la Banque de France, comme la loi n'a prescrit
aucune forme pour son aliénation et que la nécessité de l'assistance du curateur est limitée à certains
actes, il faut dire qu'il peut l'aliéner. Par les mêmes
raisons, il peut faire des achats de meubles et
d'immeubles.

Mais il est des actes qu'il ne peut faire qu'assisté
de son curateur (V. art. 480, 482, 840, 935 ; V.
L. 24 mai 1806, art. 2; Décr. 25 sept. 1813).

Il en est d'autres qu'il ne peut faire qu'en obser-
vant les formes prescrites au mineur non émancipé (V. art. 483, 484, al 1 ; L. 24 mai 1806, art.
3; L. 25 sept. 1806).

Il faut remarquer que les pouvoirs du tuteur
quant à l'administration sont, à certains égards,

plus étendus que ceux du mineur émancipé, moins étendus à certains autres.

Ainsi, le mineur émancipé ne peut, sans assistance de son curateur, placer un capital, recevoir un compte de tutelle, recevoir un capital mobilier et en donner quittance (art. 482, 480) ; à l'égard des obligations qu'il aurait contractées par voie d'achat ou autrement, elles seront réductibles en cas d'excès ; les tribunaux prendront, à ce sujet, en considération la fortune du mineur, la bonne ou mauvaise foi des personnes qui auront contracté avec lui, l'utilité ou l'inutilité des dépenses (art. 484, al. 2). Mais aussi ce mineur peut intenter une action immobilière ou l'action en partage ou accepter une donation, avec la seule assistance de son curateur (V. art. 482, 840, 935).

Autre remarque : de l'art. 481, l'on peut induire *a contrario* que le mineur non émancipé peut faire seul les actes d'administration, sauf le bénéfice de restitution. C'est un argument de plus à l'appui de notre système, que ce mineur peut s'obliger, sauf rescision s'il est lésé.

Sur la nature de l'incapacité du mineur émancipé, voici en conséquence de quelques-unes des idées que j'ai développées relativement au mineur non émancipé et à son tuteur, le système que je suis nécessairement conduit à admettre :

Les actes faits par le mineur émancipé seul ou

assisté de son curateur sont nuls, en cas de violation des formes (art. 1311);

Sont inattaquables les actes faits par le mineur émancipé dans les limites de sa capacité, c'est-à-dire si toutes les prescriptions de la loi ont été observées, soit qu'elle exige l'accomplissement de formalités spéciales ou seulement l'assistance du curateur (v. art. 1305, *arg. a contrario*).

Sont rescindables les actes que le mineur a faits en dehors de sa capacité (art. 1305), c'est-à-dire sans l'assistance du curateur bien que la loi la prescrivît.

C'est une question controversée de savoir si le mineur émancipé peut faire une donation à son conjoint : en effet, le mineur âgé de seize ans peut faire son testament mais il ne peut donner (v. art. 903, 904); or, la donation entre époux est révocable comme un legs, bien qu'assujettie à toutes les formes des donations. La question est controversée parce qu'elle est mal posée. Le mineur n'est pas incapable de donner mais seulement de se léser par donation. Donc, s'il a fait à son conjoint une donation de biens présents, je suis d'avis qu'il peut argumenter de sa minorité, afin de revendiquer les fruits perçus; mais si son conjoint, également mineur, prouve qu'il ignorait le droit et qu'il y ait eu consommation, ou si la donation a pour objet des biens à venir, je ne vois pas que le donateur mineur ait intérêt à demander la nullité : n'est-ce pas assez qu'il ait le droit de révoquer? La question est celle-ci: le mineur émancipé peut-il demander la nullité s'il a donné à son conjoint ? oui s'il y a intérêt, voilà la solution.

Voilà, je crois, ce qu'il y avait de plus important à dire relativement au mineur émancipé, au point vue de cette thèse, je le quitte et pour n'y plus revenir.

III. A QUI ELLES COMPÉTENT?

1° Au tuteur;

2° Au mineur devenu majeur ;

3° A ses héritiers (v. art. 1122 ;

4° A ses créanciers (v. art. 1166). Ce point qui a fait difficulté est désormais universellement admis par les auteurs et consacré par des arrêts.

Celui qui a cautionné, donné une hypothèque ou un gage pour l'obligation du mineur, celui qui s'est obligé solidairement avec lui, ne peuvent se refuser à exécuter sous prétexte que le principal obligé est mineur (v. art. 2012, 2036, 1208) : ils devaient connaître la condition de celui avec qui ou pour qui ils se sont obligés, et s'ils ne l'ont pas connue, ils sont en faute, à moins qu'ils n'aient eu une juste cause d'erreur, auquel cas je pense, d'accord avec Cujas et Vinnius, qu'ils jouissent du bénéfice de restitution.

Celui qui a contracté avec le mineur ne peut lui opposer son incapacité (art. 1125, al. 2). Le mineur est obligé, mais le majeur n'a pas d'action contre lui ; le contrat est sur ses pieds, mais il boîte.

De l'art. 1125, al. 2, il ne faut pas tirer des conséquences exagérées. Voici quel est son texte : « Les personnes capables de s'engager ne peuvent opposer l'incapacité du mineur avec qui elles ont contracté. » Mais quel en est l'esprit? Parce que la faiblesse du mineur mérite protection, il ne faut pourtant pas qu'il s'enrichisse aux dépens d'autrui. Dans tout contrat commutatif, la cause de l'obligation de l'une des parties est l'équivalent de ce qu'on lui donne ou de ce qu'on fait pour elle. Si le contrat est entaché de lésion, que le préjudice tombe sur le majeur plutôt que sur le mineur, cela est équitable ; mais il vaut mieux encore que ni l'un ni l'autre ne soit lésé. D'où il suit, que le majeur ne sera tenu d'exécuter son obligation que si, au préalable, les représentants du mineur ou le mineur lui-même devenu majeur ont confirmé le contrat. Sinon, le mineur ou son représentant demanderaient l'exécution provisoire, puis, l'argent reçu et dissipé, ils demanderaient la nullité. Beau moyen de s'enrichir !

Si le mineur a déclaré qu'il est majeur, il semble que le créancier soit excusable ; pourtant il n'en est rien (V. art. 1307) : ces déclarations seraient de-

venues de style à l'instar de ce qui se pratiqua jusqu'en 1624 (V. Merlin, Rép. v° Mineur, § 9, n° 11).
Mais si le mineur a produit un faux acte de naissance, ou si par quelque autre manœuvre frauduleuse il s'est fait croire majeur, il sera tenu comme
tel (V. art. 1310):

Car déjà son esprit a devancé son âge,

et le créancier n'est pas en faute.

Il y a exception à l'art. 1125, al. 2; c'est-à-dire
la nullité est absolue, si le mineur est un enfant
qui n'a pas encore l'intelligence de ce qu'il fait.

Quid, si la donation faite à un mineur a été acceptée par lui ou son tuteur sans l'autorisation du conseil de famille (V. art. 463, 935) ? Cette question
est fort controversée, et je ne m'en étonne pas :
les textes sont fort obscurs. *De la forme des
donations entre vifs*, tel est l'intitulé de la section
où est placé l'article 935; mais à coup sûr, le Code
Napoléon n'est pas un chef-d'œuvre au point de
vue de la méthode. Il n'est pas certain que l'autorisation du conseil de famille ou l'acceptation
par un ascendant doive être considérée comme
forme substantielle des donations, car sur vingt-
deux articles que comprend la section première
du chapitre IV, tit. II, liv. III, il n'y en a que
dix qui règlent incontestablement des questions

de formes. La loi, dans l'intérêt des mineurs, a environné certains actes importants de certaines formalités protectrices, mais de même que le contrat de vente subsiste, quoique vicié, s'il y a eu violation des formes, de même on comprend que la donation tienne, si du reste le contrat a été passé devant notaire et l'offre acceptée en termes exprès (v. art. 931, s.). Sans doute, aux termes de l'art. 463, « la donation faite au mineur *ne pourra* être acceptée par le tuteur qu'avec l'autorisation du conseil de famille ; » aux termes de l'art. 935, « la donation faite à un mineur non émancipé, *devra* être acceptée par son tuteur, conformément à l'art. 463, » mais d'après l'art. 457 ; « le tuteur *ne peut* emprunter pour le mineur, ni aliéner ou hypothéquer ses biens immeubles, sans y être autorisé par un conseil de famille ; » d'après l'art. 466, « pour obtenir à l'égard du mineur tout l'effet qu'il aurait entre majeurs, le partage devra être fait en justice...; » et cependant si le tuteur a emprunté au nom du mineur, vendu ou hypothéqué ses immeubles sans consulter le conseil de famille, procédé à un partage à l'amiable, etc., l'acte est nul, oui, mais seulement d'un côté, relativement au mineur, pour qui la nullité est une faculté de revenir contre le contrat. Suivant l'art. 933, l'acceptation est radicalement nulle, si elle a été faite par un mandataire qui n'avait pas pouvoir spécial d'accepter la donation, ou un pouvoir général d'accepter les donations qui auraient été ou qui pourraient être faites. Le tuteur est un mandataire légal, et il excède les limites de son mandat s'il accepte une donation sans y être autorisé ; mais ce que veut l'art. 933, c'est que le mandant ne puisse être lié en vertu de l'acceptation d'un mandataire imprudent ; l'application de cet article ne concerne pas et n'intéresse pas le mineur, puisqu'il est écrit dans la loi qu'il peut toujours demander la nullité toutes les fois qu'il est lésé. En définitive, ce ne sont pas les textes qui nous donneront la solution cherchée ; mais remarquons que l'art. 1125 est au titre des contrats : la donation entre vifs est un contrat *sui generis*, mais enfin c'est un contrat et à ce titre les règles du titre III, livre III, lui sont généralement applicables; la question étant de savoir si les articles 463, 935 dérogent au droit commun, s'il y a doute, il faut répondre négativement. Consultons la raison.

Ici, dans l'espèce, ce n'est pas seulement un intérêt pécuniaire qui est en jeu : il s'agit non seulement de protéger le mineur contre la ruse de spéculateurs avides, mais aussi et surtout de sauvegarder son honneur, ce qu'il a de plus précieux au monde, enfin la loi sera-t-elle exécutée ou n'est-ce qu'une lettre-morte qui n'a pas de sanction ?

Les libéralités sont quelquefois le prix de grands

services rendus ; quelquefois, c'est l'offrande que
l'homme aisé et compatissant laisse tomber dans
la main de l'indigent infirme ; le plus souvent, c'est
un témoignage d'affection d'un parent ou d'un ami.
« Le plus beau titre du Code civil, s'écriait le tri-
bun Sedillez, celui qui repose plus agréablement
l'esprit, parce qu'il donne une meilleure idée des
hommes, est, sans contredit, celui qui règle les
effets de la libéralité.» Malheureusement, quelquefois la générosité de l'un est le prix de l'infamie de
l'autre ; et aussi, suivant les mœurs bien con-
nues du donateur, suivant les différences d'âge,
de sexe, de position sociale, le monde, quelquefois à tort, quelquefois à raison, tirera des
conséquences qui ne seront pas toujours à l'avantage du donataire. Or si la nullité, au cas de violation des articles 935 et 463, est seulement relative,
ces deux articles sont impuissants à prévenir le
mal : le mineur sera d'autant plus facile aux pro-
positions du séducteur qu'il est assuré de conserver les biens donnés, quand même par la suite,
ce qu'on doit toujours prévoir, le désir satisfait
ferait place à l'indifférence et au mépris. En outre
ces deux articles sont dépourvus de sanction : si
c'est le mineur qui a accepté, il ne divulguera certainement pas le secret de la donation ; si c'est le
tuteur qui a accepté, il se gardera bien de deman-

der la nullité : car s'il y a eu marché honteux, c'est lui principalement qui serait en butte aux sarcasmes et au mépris public. Il semble donc qu'on ne doive pas appliquer au cas de donation la règle générale de l'article 1125.

Ces considérations sont spécieuses, mais je ne crois pas qu'elles soient fondées. Il me semble qu'elles portent à faux. Que voulons-nous? Prévenir et réprimer le mal. Déclarer que la donation acceptée par le mineur ou le tuteur non autorisé est nulle absolument, c'est-à-dire reconnaître le droit au donateur et à ses héritiers de demander la nullité, est-ce le meilleur moyen d'arriver à ce but? En autorisant le majeur à reprendre ce qu'il avait donné, nous lui permettons de se jouer de ses promesses, après qu'il aura abusé de la facilité ou de l'imbécillité du mineur, nous récompensons presque sa mauvaise couduite dans le passé, nous l'encourageons dans l'avenir, nous faisons outrage à la morale publique en lui permettant d'étaler sa turpitude devant les tribunaux pour en argumenter dans un intérêt purement pécuniaire, du moins en ce qui le concerne, nous déshonorons le mineur aux yeux du monde entier, grâce à la publicité des audiences que les journaux judiciaires et même les feuilles politiques et littéraires ne manquent jamais de reproduire, quand elles sont scandaleuses. Ce-

pendant le donateur majeur savait ce qu'il faisait ;
de quoi se plaint-il ? Il dira : j'ai été entraîné par la
passion ! Mon consentement n'a pas été libre ! On
m'a extorqué des sommes considérables ! Mais le
mineur qu'a-t-il gagné au contrat ? Un peu d'argent, beaucoup de honte : lequel est le plus lésé ?

Ah ! si quand il s'abandonne à des promesses,
à des libéralités trompeuses, le mineur savait pleinement ce qu'il fait, et quelles en seront les conséquences, il hésiterait, il refuserait peut-être !…
Mais il connaît peu les mœurs des hommes,
il connaît moins encore et les textes du Code,
et les théories des jurisconsultes, et la pratique
des tribunaux. En accordant au donateur le
droit d'agir en nullité, nous ne prévenons pas le
mal, nous l'augmentons seulement. Nous voulons
le réprimer, et nous donnons à la loi une sanction
qui va droit contre le but, rigoureuse contre le
donataire mineur, favorable au donateur majeur.
Nous encourageons le séducteur, nous sévissons
contre sa victime !

Toutes les fois que le mineur est lésé dans ses
intérêts pécuniaires, il a intérêt d'agir en nullité ;
mais toutes les fois qu'une personne est lésée dans
son honneur, son intérêt, évidemment, est que le
public n'en sache rien. Si la famille a connaissance
de la donation, et rien n'empêche le donateur de

l'en informer officieusement, le mieux qu'elle ait à faire est de tâcher de décider le mineur à restituer sans bruit. Si le mineur s'y refuse, c'est au conseil de famille et non au donateur, qu'il appartient d'agir ou de ne pas agir, suivant ce qui semblera conforme à l'intérêt bien entendu et du mineur et de la famille elle-même.

Enfin, ce n'est pas seulement au point de vue moral, c'est aussi au point de vue du danger des charges qui peuvent accompagner la libéralité, que l'autorisation du conseil de famille a été jugée nécessaire : il est certain que le donataire est obligé d'exécuter les charges, si, dans l'acte qualifié donation , l'intention qu'il y soit obligé a été suffisamment manifestée (V. M. Dem., C. a. II, n° 224 *bis*, 1). Si le conseil de famille a autorisé l'acceptation, le mineur n'est pas restituable contre cette obligation ; mais il est restituable dans l'hypothèse inverse. Il suffit qu'au point de vue purement pécuniaire, les art. 935 et 463 ne soient pas dépourvus de sanction pour faire considérer non fondé le reproche que ces articles sont inutiles, et l'argument qu'on en voudrait tirer.

Ainsi, le système qui a pour base l'art. 1125, outre qu'il a cet avantage que sa solution est la conséquence d'une règle générale, est conforme à la raison et il n'est pas le moins conforme aux textes. Cependant quelques-uns décident que la donation faite au mineur ne lie le donateur qu'autant qu'elle a été acceptée régulièrement, parce que l'historique de la question mis en regard de la rédaction des art. 935 et 463, et surtout les travaux préparatoires les inclinent à décider ainsi.

La question était fort controversée déjà sous l'ordonnance de 1731. Aux termes de l'art. 7 de cette ordonnance, « si le donataire est mineur de vingt-cinq ans, ou interdit par autorité de justice, l'acceptation *pourra* être faite pour lui, soit par son tuteur ou son curateur, soit par ses père et mère ou autres ascendants, même du vivant du père et de la mère, sans qu'il soit besoin d'aucun avis de parents pour rendre ladite acceptation valable. » Suivant Furgole et le chancelier d'Aguesseau, auteur de l'ordonnance, l'acceptation par le mineur non autorisé de son tuteur était complétement nulle ; mais, disait Pothier, c'est une règle de droit que le mineur n'a besoin d'assistance ni de tuteur ni de curateur pour faire sa condition meilleure (V. l. 28, de pactis ; l. 141, § 2, de v. o. ; l. 11, de adq. rer. dom.), et l'ordonnance n'a donné aucune atteinte à ce principe (V. obligat., n° 52; introduct. au titre 15 de la cout. d'Orl., n° 31). Les rédacteurs du Code civil connaissaient ces controverses ; sans doute ils avaient présente à la mémoire la décision de Pothier : « la donation faite à un mineur *ne pourra* être acceptée par le tuteur qu'avec l'autorisation du conseil de famille ;» « elle *devra* être acceptée par le tuteur avec l'autorisation du conseil de famille ; » voilà ce qu'ont écrit les rédacteurs du Code. Et voici ce que disait Jaubert dans son rapport au tribunat: «*L'acceptation qui ne lierait pas* le donataire ne saurait engager le donateur : ainsi il est naturel que la femme mariée ne puisse accepter sans le consentement de son mari ou l'autorisation de la justice ; que l'autorisation du gouvernement doive précéder l'acceptation des administrateurs des communes ou des hospices ou des établissements publics ; que la donation faite à un mineur ne soit acceptée que par le tuteur ou par un des ascendants. » (Rapport au Tribunat sur le titre II, livre III).

Ces mots : *l'acceptation qui ne lierait pas* sont soulignés dans le rapport de Jaubert, comme ils le sont ici.

De ces deux arguments le premier est excessivement faible. De la comparaison des art. 935, 463 du Code avec l'art. 7 de l'ordonnance, il résulte seulement que dans l'ancien Droit, la donation pouvait être acceptée par le tuteur ou les ascendants, sans autorisation du conseil de famille, tandis que cette autorisation est nécessaire aujourd'hui. Quant aux paroles de Jaubert, sans doute elles font allusion au cas assez fréquent où la donation impose des charges au donataire : ce point de vue est le seul qu'aient envisagé les rédacteurs (v. Discuss. au Cons. d'État, séance du 12 ventôse an XI) ; c'est à ce point de vue seulement qu'il importe au donateur que le donataire soit lié d'uue manière irrévocable. Donc, tant que la donation irrégulièment faite n'a pas été confirmée, ce donateur peut, conformément au droit commun, se refuser à exécuter ; mais si la donation est une pure libéralité, je ne vois pas de raisons pour qu'il soit permis au donateur d'argumenter de la violation des formes.

Une cour d'appel avait pensé que la nullité d'un compromis entre majeur et mineur est absolue, c'est-à-dire peut être opposée même par le majeur. La cour de cassation, 14 février 1849, a rejeté cette exception à l'art. 1125, comme n'étant fondée sur aucun texte.

De même la nullité n'est que relative, si le mineur a fait une donation.

IV. CONTRE QUI ?

« L'action, dit Toullier, doit être dirigée contre ceux avec qui le demandeur en rescision a contracté ou contre leurs héritiers. Mais on peut et on doit citer en cause les tiers détenteurs, afin que le juge ment à intervenir leur soit commun et contradictoire avec eux. »

Elle peut être dirigée même contre un mineur.

V. EFFETS DE LA NULLITÉ OU RESCISION PRONONCÉE?

La nullité ou rescision étant prononcée, il s'agit de remettre les deux parties dans la position où elles étaient avant le contrat, suivant ce qui est possible.

Le mineur avait acheté un immeuble : ayant fait rescinder le contrat, il peut répéter le prix, mais il rendra l'immeuble dans l'état où il était au jour où la contestation a commencé.

Il avait vendu un immeuble : ayant fait annuler le contrat, il peut revendiquer, mais il rendra le prix, s'il l'a encore dans ses coffres ou s'il l'a employé à quelque dépense utile ou nécessaire; s'il l'a dépensé, il ne doit rien (v. art. 1312). C'est à l'acheteur à prouver l'utilité ou la nécessité de la dépense. L'acheteur doit rendre les fruits (v. art. 549), à moins qu'il ne les ait consommés de bonne foi (arg. art. 1238, al. 2), et n'en soit pas devenu plus riche. Si cet acheteur a fait des constructions, plantations ou autres ouvrages, le mineur peut les retenir, en remboursant la valeur des matériaux et le prix de la main d'œuvre, ou l'obliger à les enlever, s'il les a faites de mauvaise foi (v. art. 555; arg. art. 1238, al. 2).

Un mineur a emprunté de l'argent d'un autre mineur : il l'a dépensé sans en avoir tiré aucun profit. Les jurisconsultes romains (D. l. 34, de min.), Domat (L. civ. livre 4, tit. 6, sect. 2, § 18) et tous les auteurs qui ont écrit sous le Code, décident qu'il sera relevé de l'obligation de restituer l'argent, quoique l'autre s'en trouve en perte (v. art. 1312).

Un mineur a vendu un immeuble à un autre mineur ; il a touché le prix et l'a dissipé ; peut-il revendiquer l'immeuble sans en rendre le prix ? «Je pense que oui,» dit Delvincourt (II, 804, notes), sans doute par arg. de l'art. 1312, et personne n'a élevé une opinion contraire.

Ces décisions ne sont pas équitables, et j'ai cru d'abord qu'elles étaient inexactes. Prenons l'hypothèse de Delvincourt ; elle est la plus curieuse. Du reste dans mon idée, la solution de Delvincourt sur cette deuxième hypothèse, celle de tous les jurisconsultes sur la première sont liées d'une manière indissoluble : ou toutes deux vraies ou toutes deux fausses.

Le vendeur *Primus* est certainement lésé, car l'immeuble n'est plus en nature dans son patrimoine et il en a dissipé l'équivalent ; de plus la vente est nulle ; mais l'acheteur *Secundus* est également lésé, s'il rend l'immeuble sans recouvrer le prix. Si *Primus* eût vendu l'immeuble à un majeur, il pourrait le revendiquer ; si *Secundus* l'avait acheté d'un majeur, on ne pourrait l'en évincer. Suivant Devincourt, le mineur *Primus* peut revendiquer l'immeuble contre le mineur *Secundus*, sans en rendre le prix; mais il est évident que *Secundus* est aussitôt lésé; donc il peut revendiquer à son tour; donc *Primus* est lésé; donc... mais c'est absurde !

Puisque les deux mineurs ont droit, l'un d'invoquer la nullité, et tous les deux de n'être pas lésés, il semble juste que des deux côtés la perte soit égale; seulement comme *Primus* a plus de droit que *Secundus* à conserver l'immeuble en nature, attendu que la vente est nulle, il peut le reprendre en remboursant la moitié du prix; sinon l'immeuble sera partagé par moitié. C'est l'application de cette maxime que les tribunaux ont souvent l'occasion d'appliquer : *concursus partes faciunt* (v. art. 1044, 1045).

Ce nonobstant, toute réflexion faite, je crois qu'en droit, Delvincourt avait raison, et cela par argument de l'art. 1238. Si le créancier majeur qui a consommé de bonne foi est plus favorable que le mineur dont il a reçu paiement, aux yeux du Code civil, à plus forte raison, le mineur imprudent qui a dissipé, sans en tirer profit, l'argent qui lui a été payé en vertu d'un acte de prêt ou de vente n'est pas tenu de restituer; car à raison de la faiblesse de son esprit et de son peu d'expérience, nous devons présumer qu'il a consommé de bonne foi; mais en sa qualité de mineur, il peut revendiquer

La rescision ou nullité prononcée a son effet contre les sous-acquéreurs (v. art. 2125).

Un arrêt de Besançon, du 14 août 1845, admet que le majeur débiteur solidaire ou d'une chose indivisible avec le mineur, peut se refuser à exécuter, si le mineur a excipé de sa minorité. Il me semble que la cour de Besançon, en décidant ainsi, a violé l'art. 1208 : le co débiteur ne pourrait demander la rescision ou nullité du contrat ; or il y a même raison pour qu'il n'en profite pas, si elle est prononcée.

VI. COMMENT S'ÉTEINT LE DROIT D'INVOQUER LES CAUSES DE NULLITÉ OU LA RESCISION.

Les modes d'extinction de l'action en nullité ou en rescision sont la confusion, la confirmation et la prescription. La confusion ; exemple : le tuteur a vendu l'héritage de son pupille ; celui-ci succède à son tuteur : il ne pourra revendiquer, car il doit garantie. Faut-il, suivant l'avis de Proudhon (Personnes, II, 455 s.), ajouter la compensation aux trois modes d'extinction que je viens d'énumérer ? Il est assez évident, au contraire, que la compensation n'est pas opposable à qui ne peut être contraint au paiement. Quant au paiement, quant à la novation, ce sont là des variétés de la confirmation. Je parlerai avec détails de la confirmation et de la prescription.

1° Confirmation. — Ratification, confirmation sont termes synonymes.

« La confirmation d'une obligation, dit Zachariæ (II, § 359), est l'acte juridique par lequel une personne fait disparaître les vices dont est entachée une obligation, contre laquelle elle eût pu se pourvoir par voie de nullité ou de rescision. »

La confirmation est de deux sortes : expresse ou tacite, c'est-à-dire elle peut résulter d'un écrit ou de toute autre circonstance d'où appert avec évidence la volonté de confirmer. La confirmation emporte la renonciation aux moyens et exceptions que l'on pouvait opposer contre l'acte, sans préjudice, néanmoins du droit des tiers (art. 1338).

La confirmation peut émaner de celui seulement qui a droit d'agir pour faire prononcer la nullité ou rescision, soit du tuteur pendant la minorité, soit du mineur devenu majeur. De plus, si l'acte est nul pour violation de formes, il faut que la confirmation soit environnée de ces mêmes formes protectrices dont l'accomplissement aurait dû précéder l'accomplissement de l'acte primitif.

Si le mineur a confirmé en minorité, il est restituable contre les conséquences de la confirmation, car la restitution pour lésion s'applique à tous les actes qu'il peut faire, et si ceux de confirmation en étaient exceptés, le bénéfice serait illusoire (except. art. 1238, al. 2).

La loi s'en rapporte à la loyauté du tuteur et du mineur lui-même devenu majeur : par cela seul qu'il y a eu violation de formes, ou si le mineur a figuré seul au contrat et qu'il y ait eu lésion de son côté, ils peuvent refuser l'exécution; mais s'ils ratifient, cela implique reconnaissance que les intérêts du mineur n'ont pas été lésés ou qu'il avait assez d'intelligence au temps du contrat pour qu'il fût malhonnête à lui de ne pas remplir son engagement : l'acte est valide, pour l'avenir, et jusqu'à un certain point, nous le verrons, il produit effet dans le passé.

En cas de confirmation par écrit, l'acte de confirmation n'est valable que lorsqu'on y trouve la substance de l'obligation, la mention du motif de l'action en rescision et l'intention de réparer le vice sur lequel cette action est fondée (art. 1238, al. 1). Si toutes ces conditions ne sont pas remplies, l'acte vaut seulement comme commencement de preuve par écrit (v. art. 1347).

J'ai dit que la novation est une des variétés de la confirmation; si cela est vrai, il faut appliquer l'art. 1338, al. 1, à l'écrit qui la constate.

La confirmation tacite est la conséquence de l'exécution volontaire par le tuteur du mineur ou par le mineur lui-même devenu majeur.

Puisque l'intention de confirmer, si elle est constatée par écrit, est sans effet, à moins qu'il ne résuite de la teneur de l'écrit que son auteur savait et voulait sérieusement ce qu'il faisait, la loi serait en contradiction avec elle-même si elle présumait légèrement, sur de faibles indices, qu'en exécutant l'acte sujet à nullité ou à rescision, le mineur devenu majeur a voulu confirmer. C'est pourquoi, aux termes des art. 1338 et 1235, al. 2, il faut que l'exécution ait été volontaire, c'est-à-dire qu'elle ait eu lieu librement et en connaissance de cause.

Confirmer un acte, c'est renoncer au droit de l'attaquer : il est équitable que le mineur n'encoure la déchéance qu'autant que dans l'acte, ou par le fait d'exécution, la volonté de renoncer à ce droit se manifeste avec une évidence telle que le doute soit impossible.

« Il faut, dit M. Duranton (XIII, n° 284) considérer si ce qui a été fait dans le temps où l'acte pouvait être valablement ratifié, était ou non une suite nécessaire de l'acte, une chose que l'on ne pouvait négliger de faire sans inconvénients pour l'une ou l'autre partie ; alors le fait n'emporte pas ratification. C'est donc un point généralement subordonné aux circonstances. Les juges auront à examiner si la partie entendait faire la chose en vue de ratifier l'engagement ou si elle a agi *ex necessitate aut saltem utilitate*, dans l'incertitude surtout de l'admission du moyen de nullité ou de rescision. »

Il a été jugé que le contrat de mariage nul parce

que le mineur n'y avait pas été assisté de toutes
les personnes dont le consentement est nécessaire
pour la validité du mariage, ou parce qu'il n'était
pas présent au contrat et ne s'était pas fait représenter en vertu d'un mandat spécial et authentique,
est ratifié par la célébration du mariage (Tribunal
d'Yssengeaux, 23 novembre 1852); du moins
quant au fait de la célébration, se joint la preuve
que l'époux non présent au contrat, ayant eu connaissance, avant la célébration, des stipulations faites
pour lui, a eu l'intention de les ratifier en consentant
au mariage (Toulouse, 17 mai 1844). Ces interpré-
tations du fait de la célébration sont fort exagérées ;
heureusement elles n'ont pas prévalu (V. Nîmes,
29 décembre 1841 ; Toulouse, 19 janvier ; Pau,
1er mars ; Riom, 23 juin ; Montpellier, 9 décembre 1853 ; Rejet, 29 mai 1853, etc..) : en se
mariant, les parties n'ont pas eu nécessairement en
vue de confirmer les conventions irrégulièrement
faites ; et à supposer qu'elles aient manifesté cette
intention, le fait de la célébration est néanmoins
insuffisant au cas où elles n'ont pas été assistées,
cela est évident, voire si le contrat est nul parce
que les personnes dont le consentement est nécessaire pour sa validité y ont assisté seules. Je pense
que la confirmation, dans l'espèce, ne peut résulter
que d'un écrit réunissant toutes les conditions voulues par l'art. 1338, 1er al., rédigé dans la forme

authentique et passé antérieurement à la célébration du mariage.

Celui qui en percevant en majorité des revenus d'une succession, n'a fait que continuer l'exécution d'un partage irrégulièrement fait en minorité, peut être restitué contre l'acceptation de succession qui résulterait de ce partage ou de son éxécution (C. art. 778, 840, 1304): la perception des revenus d'une succession, par suite d'une adition d'hérédité ou d'un partage fait en minorité, n'est pas une ratification tacite de l'acceptation de l'hérédité (V. l. 3 § 2, D. de minoribus ; Bruxelles, 21 août 1810).

En sens inverse, la vente en majorité de biens recueillis dans un partage de succession, fait en minorité sans les formalités requises, est une ratification qui rend le mineur devenu majeur non recevable à l'attaquer pour lésion (Paris, 19 nov. 1810).

De même, si le mineur avait reçu en majorité le prix d'une vente faite en minorité, ce serait une véritable ratification dans le sens de l'art. 1338 (Cass. 4 thermid. an IX).

Mais il ne faudrait pas considérer ce mineur comme ayant ratifié, s'il avait reçu son paiement parce qu'il craignait que l'acheteur devînt insolvable, ou parce qu'il était pressé par d'autres créanciers. Pour déterminer si l'exécution a été libre, les tribunaux considéreront principalement le fait en lui-même et accessoirement les circonstances qui en ont précédé l'accomplissement.

Mais il ne suffit pas que l'exécution ait été parfaitement libre, il faut que celui qui en est l'auteur se soit rendu un compte parfaitement exact du vice qu'il s'agit de réparer et de la substance de l'obligation. Questions de fait: ici encore, dans le doute, les tribunaux donneront gain de cause au mineur. Si le mineur prétend n'avoir exécuté que crainte de poursuites, se croyant tenu civilement, comme l'erreur de droit suffit à vicier le consentement, il est recevable à en fournir la preuve, mais il faut qu'il la fournisse.

C'est une question qui était problématique autrefois qui l'est encore aujourd'hui, de savoir quels sont les effets de la confirmation à l'égard des tiers, c'est-à-dire de ceux qui ont contracté avec le mineur devenu majeur, avant la confirmation, et qui ont intérêt à la faire révoquer?

A cette question, l'art. 1338, al. 3, répond : « La confirmation, ratification ou exécution volontaire dans les formes et à l'époque déterminées par la loi, emporte la renonciation aux moyens et exceptions que l'on peut opposer contre cette acte, *sans préjudice du droit des tiers.* » Et voici ce que disait la section de législation du Tribunat, sur les observations de laquelle la fin de l'article fut ajoutée: « Il reste à remarquer que dans les cas de nullités susceptibles d'être couvertes, la faculté de les couvrir ne doit jamais nuire aux droits des tiers. Si quelqu'autre que les parties contractantes est lésé par l'effet de la confirmation ou ratification, il réclamera ; et dans le cas où la réclamation serait fondée, la justice y fera droit. » Il semble donc que la confirmation n'a d'effet qu'entre les parties contractantes.

Mais si la confirmation ne rétroagit pas au préjudice des tiers, c'est-à-dire si l'acte ne produit pas effet à compter de sa date, à l'instar d'un acte valable dès son principe, à quoi bon distinguer les actes confirmables de ceux qui ne le sont pas? en quoi diffère la situation d'un donataire à qui est faite une nouvelle donation du même objet par le même donateur en place d'une première donation nulle en la forme, de celle d'un acheteur, d'un vendeur, d'un créancier hypothécaire, etc., dont les créances sujettes à nullité ou à rescision ont été confirmées ?

Sans doute, si la créance était productive d'intérêts, la confirmation rétroagit et quant au capital et quant aux intérêts : à ce point de vue la confirmation est plus utile au créancier que ne le serait un titre nouveau; mais le champ des hypothèses est vaste et toutes les créances ne sont pas productives d'intérêts.

Première hypothèse : Depuis que Pierre, leur débiteur, est devenu majeur, ses créanciers se sont faits autoriser par justice à exercer l'action en rescision ou en nullité, ou lui-même leur a cédé expressément le droit de l'exercer; puis il confirme l'acte nul ou rescindable. Sans aucun doute, la confirmation est non avenue à l'égard des créanciers saisis ou cessionnaires qui n'ont pas moins le droit de faire annuler ou rescinder (v. art. 1166, 1134).

Deuxième hypothèse: Pierre, tandis qu'il était mineur, a vendu le fonds A à Primus; devenu majeur il l'a vendu à Secundus, ou Secundus obtient contre lui une hypothèque judiciaire, ou ses biens viennent à être grevés d'une hypothèque légale. Si après cela Pierre confirme la première vente, je pense que la confirmation est non avenue relativement à Secundus, car si ce tiers est un acheteur, il invoquera l'art. 1615; s'il est créancier hypothécaire en vertu d'un jugement ou s'il a hypothèque légale, il n'est pas admissible que le mauvais vouloir du débiteur suffise à amoindrir ou diminuer son gage.

Troisième hypothèse : Primus est un acheteur, Secundus donataire. L'obligation de donner emporte celle de livrer la chose (art. 1136); mais un acheteur est plus favorable qu'un donataire; aussi rien d'étonnant si les tribunaux validaient la confirmation, surtout si on suppose qu'elle n'ait pas été dictée par un mouvement haineux, et si le donataire n'était pas encore entré en possession ou s'il y était depuis peu.

Quatrième hypothèse: Pierre étant mineur avait hypothéqué l'immenble A à Primus; devenu majeur il l'hypothèque à Secundus le 1er juin 1850; mais le 1er juillet du mois suivant il confirme l'hypothèque de Secundus: laquelle aura la préférence? Secundus est en faute, car avant de prêter sur hypothèque, il a pu s'assurer que l'immeuble était déjà hypothéqué, à qui, par qui, à quelle époque, pour quelle somme (v. 2196, 2148, 2150, 2137, s.), ou s'il est au fait, qui l'oblige à prêter sur hypothèque, lui deuxième?

Cela est vrai, mais la conduite de Primus qui a traité avec le mineur ou le tuteur en violation des formes, est beaucoup plus répréhensible. Et en admettant que Secundus ait consulté les registres au bureau du conservateur, il n'a pas dû penser que son débiteur grossirait à plaisir la masse de ses créanciers, ou ce débiteur lui a donné parole de ne pas confirmer; ces suppositions sont au moins vraisemblables; donc s'il faut une victime, de Primus ou de Secundus quel est le plus coupable?

Soit qu'il ait ou non connu l'existence de la première hypothéque, Secundus a suivi la foi du débiteur, relativement à cette hypothèque sujette à nullité ou à rescision; donc la confirmation vaut à son égard ce qu'elle vaut à l'égard des créanciers chirographaires; donc la solution de cette quatrième hypothèse dépend de la solution de celle-ci : les créanciers chirographaires peuvent-ils faire révoquer la confirmation, ou si elle leur est opposable?

Je suppose des créanciers chirographaires soit antérieurs, soit postérieurs à l'acte nul ou rescindable, mais antérieurs à la ratification. Peuvent-ils la faire tomber par cela seul qu'elle leur cause préjudice ou faut-il qu'ils prouvent la fraude conformément à l'art. 1167?

De l'art. 1338 et des observations du Tribunat, quelques-uns ont conclu que les tiers peuvent faire révoquer la confirmation par cela seul qu'elle leur cause préjudice; car ni l'article ni les observations du Tribunat ne distinguent entre les créanciers qui ont une cause de préférence et ceux qui n'en ont pas. Il n'est point à souhaiter que la confirmation soit opposable aux créanciers quand on considère combien d'honnêtes gens se croient obligés d'honneur envers leurs créanciers, sauf s'ils le sont civilement. La preuve de la fraude est souvent impossible : il ne se peut que le Code ait permis au débiteur prêt à tomber en déconfiture, de sacrifier les créanciers dont le titre est valable à ceux dont le titre est entaché d'un vice.

Ces objections sont fortes; mais sont-elles sans réplique? L'art. 1167 ne permet aux créanciers d'attaquer que ceux des actes de leur débiteur

faits en fraude de leurs droits (V. art. 1167, al. 1).
Ce principe souffre peu d'exceptions (V. al. 2). Parmi
ces exceptions, faut-il faire entrer l'art. 1338? *« sans
préjudice du droit des tiers* : » Or, quel est le droit
des tiers dont la condition n'est point privilégiée?
Reportons-nous à l'art. 1167 : « Ils peuvent attaquer
les actes faits par leur débiteur en fraude de leurs
droits. » Sur l'art. 2225 s'élève une question du
même genre, et l'exposé des motifs renvoie au
droit commun. Si le libre pouvoir de confirmer
vous inspire des craintes, les actes de libéralité ont
aussi leurs dangers ; le créancier à titre onéreux,
dont le titre est nul ou rescindable, est plus favorable qu'un donataire : or, on est généralement
d'accord que les créanciers chirographaires ne peuvent faire révoquer la donation, s'ils ne prouvent
la fraude du débiteur. Si vous avez confiance dans
la bonne foi et la solvabilité d'un tel, prêtez-lui
sans hypothèque, gage ou antichrèse, mais ne
vous plaignez pas si plus tard il fait des actes rui-
neux qui diminuent votre gage !

Conclusion : la confirmation rétroagit : 1° contre Secundus, créancier hypothécaire; 2° contre les
créanciers chirographaires et par les mêmes raisons; elle est sans effet à l'égard de tous autres
tiers.

En définitive, le système que j'adopte est :
1° conforme au texte, car la confirmation ne cause
de préjudice aux tiers, c'est-à-dire à ceux qui ont

acquis quelque droit du mineur devenu majeur et qui ont intérêt à la révocation, que s'ils ont suivi la foi du débiteur, auquel cas ils ont consenti à ce qu'il diminue ou dissipe leur gage à sa fantaisie, puisqu'il pouvaient demander des sûretés et qu'ils ne l'ont pas fait ; 2° dans ce système, la confirmation est plus utile à celui dont elle vient consolider la créance que ne le serait un titre nouveau, puisqu'elle rétroagit contre les créanciers intermédiaires, à moins qu'ils ne prouvent qu'il y a eu en leur faveur transport exprès ou tacite du droit de demander la nullité ou rescision, par l'effet de la convention, d'un jugement ou de la loi, ou que l'acte est frauduleux.

Dans l'ancien droit, Pothier (retraits, n° 124 ; hypothèques, chap. 1, sect. 2, § 2) était d'avis que la confirmation rétroagit contre les tiers, dans tous les cas ; car, disait-il, la nullité ou rescision est dans l'intérêt du mineur, et en ratifiant, il reconnaît que son intérêt n'a pas été lésé. En ce sens, la jurisprudence constante du parlement de Paris. Toullier (VII n° 570 s.) et M. Troplong (hypothèques, II, n° 487 s.) ont suivi cette théorie. Ces deux auteurs raisonnent constamment dans l'hypothèse où Primus et Secundus sont tous deux créanciers hypothécaires, et par l'effet de la convention ; mais il il est évident qu'ils entendent appliquer la solution de Pothier à toutes les hypothèses sans exception.

Voici les raisons que donne M. Troplong à l'appui de son système ; quelques-unes sont spécieuses ; aucune ne me paraît fondée : « La nullité de l'hypothèque consentie par le mineur sans les formalités voulues n'est pas absolue : elle n'est que relative. Donc la ratification par le silence, pendant dix ans, valide l'acte *ab initio.* A plus forte raison, cet effet serait produit par la ratification expresse émanant de la volonté libre, réfléchie d'un majeur que sa bonne foi porte à imprimer le sceau de l'inviolabilité à ses engagements de conscience et d'honneur. » Ce n'est pas ici le lieu de réfuter cet argument ; j'y reviendrai lorsque j'exposerai la matière de la prescription des actions en nullité ou en rescision (v. p. 132 dern. al.) Disons seulement que la conscience et l'honneur du mineur l'engagent envers tous ses créanciers et envers ceux qui sont en règle plus étroitement encore qu'envers ceux qui n'y sont pas. Primus est en faute ; donc il est moins favorable que Secundus, qui, dans mon système, a une cause de préférence, et dont la conduite est sans reproches.

« Il est absurde de dire que le mineur devenu majeur ne peut par son fait priver ses créanciers du droit d'exercer à sa place l'action en nullité. Autrement un débiteur ne pourrait user de ses droits sans consulter la masse de ses créanciers. » Cette critique de M. Troplong ne s'adresse qu'à ceux qui pensent que les créanciers chirographaires peuvent faire révoquer la confirmation par cela seul qu'elle leur cause préjudice. Mais il s'agit, dans l'espèce, non de tous les droits, mais d'un droit spécial, celui de confirmer un acte nul ou rescindable. Il se pourrait que la loi se refusant à sanctionner les décisions d'une conscience mal éclairée eût restreint tout spécialement le droit de confirmer. L'a-t-elle voulu? je n'ai pas admis l'affirmative, mais je ne vois pas qu'elle soit absurde.

« Les créanciers sont obligés de respecter les actes des débiteurs, à moins qu'il n'y ait eu fraude de leur part. » En effet, tel est le droit commun ; mais remarquez que M. Troplong a écrit ces lignes dans son traité des hypothèques et raisonne dans l'hypothèse où Primus et Secundus sont créanciers hypothécaires ; or l'hypothèque est un droit réel ; donc le droit de Secundus échappe à l'application de l'art. 1167, à moins qu'on ne prouve, comme j'ai essayé de le faire, que Secundus, créancier hypothécaire par l'effet de la convention, a suivi la foi du débiteur, en ce qui concerne le droit de confirmer la première hypothèque.

« S'il est vrai que la ratification n'a pas d'effet rétroactif au préjudice des tiers, cette règle n'est vraie que quand l'acte ratifié est d'une nullité absolue, car n'ayant eu aucune existence légale avant la ratification, on ne peut créer au préjudice des tiers une fiction qui ferait remonter la validité de cet acte à une époque où ils avaient juste raison de le croire nul. » Ici M. Troplong et Toullier se sont évidemment mépris : l'art. 1338, 1er al., est rédigé dans la prévision où l'acte est nul ou rescindable ; donc l'al. 3e réserve le droit des tiers et au cas où l'acte est rescindable et au cas où l'acte est nul : premier point. Mais nul de quelle manière? absolue ou relative? La rédaction primitive de l'art. 1338 portait : « Dans la confirmation ou ratification *d'un acte radicalement nul,* on doit, pour qu'elle soit valable, trouver la substance de l'acte nul, la mention de la nullité et l'intention de la réparer. La confirmation ou ratification d'un acte nul emporte la renonciation aux moyens et exceptions que l'on pouvait opposer contre cet acte.» La section de législation du Tribunat, sur les mots *acte radicalement nul,* observa que rien n'était plus vague : « Il faut une disposition conçue de manière que la ligne de démarcation soit bien clairement tracée entre les nullités irréparables et celles qu'on peut réparer... La nullité dont la loi frappe l'acte que l'impubère a souscrit est absolue et irréparable... Nul doute que les engagements contractés pour cause illicite ne doivent être rangés dans la même classe... Ces deux espèces d'engagements sont entachés d'un vice intrinsèque qui ne permet pas qu'ils soient jamais validés... Il n'en est pas de même des engagements contractés par le mineur, l'interdit ou la femme mariée ; la loi ne les déclare point nuls de droit. C'est en faveur du mineur, de l'interdit et de la femme mariée que cette seconde classe de nullité est établie. Ces sortes d'actes ne peuvent donc être annulés que lorsqu'ils sont attaqués par ceux-là même pour qui la loi a été faite. Si, loin de les attaquer, ils les confirment et les ratifient dans un temps où ils ont la capacité de contracter, les nullités sont couvertes au point que les actes confirmés et ratifiés sont considérés comme ayant été faits valablement dès leur origine, et comme n'ayant jamais cessé d'être valables... Il reste à remarquer que dans les cas de nullités susceptibles d'être couvertes, la faculté de les couvrir ne doit jamais nuire aux tiers. » En conséquence de ces observations la section proposa une nouvelle rédaction ainsi conçue :

« Les engagements contractés par les impubères ou pour cause illicite, ne peuvent être confirmés ni ratifiés, soit tacitement, soit expressément. — A l'égard de tous autres actes qui pourraient être frappés de quelqu'une des nullités prononcées par la loi, la confirmation, ratification ou exécution volontaire de ces actes emporte la renonciation aux moyens et exceptions que l'on pourrait opposer contre eux, et dans ce cas l'acte confirmé et ratifié a son effet du jour où il a été passé entre les parties, sans préjudice du droit des tiers. »

Cette nouvelle rédaction était vicieuse en plus d'un point : le Conseil d'État lui en substitua une autre. Mais a-t-il entendu rejeter, au moins en partie, le fond même des observations du Tribunat? Dans le rapport de M. Jaubert, je lis ce qui suit :

« Une idée vraie et simple, c'est qu'on ne peut confirmer et ratifier que ce qui a réellement existé, quoique manquant de force par quelque vice. De là il résulte : 1° qu'on ne peut en aucune manière confirmer ou ratifier de prétendues conventions dont la loi n'a jamais reconnu l'existence ; 2° que dans les autres cas la ratification peut avoir lieu ; 3° que jamais les droits des tiers ne peuvent en souffrir. »

L'article 1117 oppose les conventions nulles de plein droit à celles qui donnent seulement lieu à une action en nullité ou en rescision ; les articles 1304-1314 traitent des actions en nullité et en rescision, lesquelles ne s'appliquent «qu'aux cas où la convention peut produire une action, qui néanmoins est susceptible d'être repoussée par une exception ; c'est-à-dire, 1° au cas de l'incapacité, 2° au défaut de consentement » (Jaubert, rapport au Tribunat) ; l'article 1338 suppose une obligation contre laquelle la loi admet l'action en nullité ou en rescision : nos adversaires prétendent que d'un article à l'autre, les mêmes mots sont pour désigner des choses différentes ; ce n'est guère vraisemblable.

Quand il s'agit d'une nullité absolue, la loi dit simplement que la confirmation n'est pas possible

(v. art. 1339) ; et c'est bien là tout ce qu'il y avait à dire.

« Mais comme Pothier le fait remarquer, continue M. Troplong, on ne peut dire la même chose d'un contrat passé par un mineur, car il n'est pas nul absolument, il n'est nul qu'à l'égard du mineur. » Cette proposition est incontestable (v. art. 1125). Mais si le contrat est nul à l'égard du mineur, il est donc nul aussi à l'égard de ceux à qui la convention, la loi ou un jugement ont transporté ses droits ; et quant aux créanciers chirographaires, M. Troplong a reconnu qu'ils ne sont pas obligés de respecter les actes de leurs débiteurs, quand il y a eu fraude de leur part.

« Ce que l'art. 1338 a voulu, c'est réserver les droits des tiers au cas d'une nullité absolue, afin qu'on n'abuse pas de l'omission de cette réserve dans un article dont la disposition est générale. » Mais si la disposition de l'article est générale, il faut donc réserver les droits des tiers dans tous les cas et non pas seulement au cas où l'acte ratifié est nul absolument.

Dans l'ancien droit, Basnage avait inventé une autre théorie : « Il faut, disait-il, distinguer si le mineur a utilement employé les deniers qu'il avait empruntés. En ce cas, comme il ne pourrait demander la restitution, et que par conséquent la ratification ne serait point nécessaire pour faire subsister le contrat, ses biens seront valablement hypothéqués de ce jour-là. Mais si le mineur eût été restituable pour lésion ou pour dol, en ce cas la ratification d'un tel contrat ne pourrait avoir un effet rétroactif, parce que le contrat n'étant pas valable à cause de la lésion ou du dol et ne subsistant qu'en vertu de la ratification faite dans les dix ans pendant lesquels la rescision en pouvait être demandée, et ayant pu être annulé, cessant la ratification, l'on ne doit pas en faire remonter l'hypothèque au jour du contrat (Traité des hypothèques, ch. 3). » Ce système a été reproduit sous l'empire du Code par Delvincourt (II, 813, notes) et M. Duranton (XIX, n° 3443). Il est inutile sur un point, d'autre part je le crois exagéré. S'amuser à démontrer que les créanciers ne peuvent faire rescinder les actes qui ne lésant pas le mineur ne sont pas rescindables, à quoi bon ? car qui l'oserait contester ? Dire qu'ils ont le droit de faire annuler les actes nuls, rescinder les actes rescindables, on le peut : mais sauf distinctions, suivant moi, et ces auteurs n'en font aucune.

Jusqu'à quand dure le droit de confirmer ? Je pense que ce droit n'est jamais éteint, même par la nullité ou rescision prononcée, sans préjudice néanmoins du droit de l'autre partie de regarder la confirmation comme non avenue, sans préjudice non plus ni profit pour les tiers. Le mineur devenu majeur, reconnaît que l'acte mis à néant par le tribunal lui était réellement avantageux, il regrette sa précipitation, il voudrait revenir sur ses pas ; mais il y a eu quasi-contrat judiciaire, qu'il peut invoquer, que l'autre partie peut invoquer également : s'il veut effacer les effets du jugement, il faut que l'autre partie y consente. D'autre part, les jugements n'ont d'effet qu'entre les parties contractantes; ils ne nuisent ni ne profitent aux tiers. Donc la confirmation intervenue depuis le jugement replace au premier rang Primus, dont l'hypothèque avait été rayée en vertu de ce jugement, et rejette au deuxième rang Secundus qui avait prêté sur hypothèque au mineur devenu majeur, soit avant soit après le jugement. Les scrupules de conscience du débiteur ne sont pas plus respectable après le jugement qu'avant, mais ils le sont certainemeut autant. Secundus a suivi la foi du débiteur: je ne vois rien d'inique à ce qu'il soit en tous points traité comme le sont les créanciers chirographaires, en ce qui concerne les effets de la confirmation.

2° Prescription.

1° Prescription de l'action.

Je suppose le mineur dessaisi, car, s'il est en possession, bien qu'il ait le droit d'agir pour faire prononcer la nullité, il n'y a pas absolument intérêt suivant moi.

Le temps ne court à l'égard des actes faits par les mineurs, que du jour de la majorité (v. art. 1304, al. 3.) ; l'action en nullité ou en rescision dure dix ans (v. art. 1304, al. 1).

Ainsi, pendant la minorité, la prescription ne court pas contre les actions en nullité et en rescision, à l'égard des actes que le mineur a faits lui-même: car il est à craindre qu'il ne les tienne cachés, à raison de son extrême dépendance. La prescription s'accomplit par le laps de dix ans par dérogation à l'art. 2262: 1° parce que l'inaction prolongée du mineur devenu majeur fait présumer la ratification; 2° la prescription a été suspendue pendant la minorité; or il est d'intérêt public que les propriétés ne soient pas longtemps incertaines (v. les discours de Bigot de Préameneu et Jaubert).

A l'égard des actes faits par un autre que le mineur, mais qui l'intéressent, soit qu'ils émanent de la personne dont il est héritier, soit de son tuteur, soit de tiers qui ont agi en son nom mais sans pouvoirs pour le représenter, combien dure l'action?

Première hypothèse: Actes faits par la personne dont le mineur est héritier.

Les longues prescriptions, c'est-à-dire celles qui s'accomplissent par plus de cinq ans, ne courent pas contre les mineurs (v. art. 2252); au contraire les petites prescriptions, c'est-à-dire celles de cinq ans et au dessous, courent contr'eux (v. art. 2278). Faut-il ranger sous l'application de l'art. 2252 les actes faits par le mineur Primus dont le mineur Secundus tient la place? Quelques-uns prétendent que le délai de l'art. 1304 est un délai préfixe, c'est-à-dire qui n'est pas suspendu par la minorité de l'héritier. Il y aurait sans doute avantage pour les tiers à ce que cette théorie fût celle du Code. Mais la disposition de l'art. 2252 est générale: c'est faire la loi que resteindre l'application de cet article au cas où la prescription acquisitive ou libératoire a commencé contre un majeur. Donc si Primus est mort en minorité ou s'il est mort majeur, mais avant l'expiration du délai de l'art. 1304, la prescription ne commence ou ne continue à courir contre Secundus qu'à partir de sa majorité.

Deuxième hypothèse : Actes faits par le tuteur.

Deux questions :

1° Quand le délai commence-t-il à courir? A partir de la majorité si le tuteur n'a pas observé les formalités prescrites, car jusque-là c'est lui qui a l'exercice des actions, et il n'est pas à présumer que ce mandataire infidèle, reculant devant les conséquences de l'acte qu'il a fait, demande la nullité. Jusqu'à ce jour, personne, je crois, n'a songé à conclure de l'alinéa 3 de l'art. 1304, que par exception à l'art. 2252, la prescription court pendant la minorité relativement aux actes du tuteur. C'est également à partir de la majorité que le délai court si les formes prescrites ont été remplies: la seule conséquence à tirer de l'art. 1314, est qu'en matière d'aliénation ou de partage, quand un mineur a traité par le ministère de son tuteur, et que toutes les formes ont été observées, l'acte ne peut être attaqué que dans les cas où il pourrait l'être par un majeur ; mais il ne s'ensuit pas que la prescription de l'action puisse courir contre le mineur qui est dans l'incapacité d'agir. On ne peut décider autrement sans violer l'art. 2252. Jugé ainsi par la Cour de Nîmes, 22 mars 1839. Donc, le mineur pourra, à compter de sa majorité, attaquer pour lésion de plus du quart l'acte de partage, quoique régulièrement fait (V. art. 887). Quant à la vente d'immeubles régulièrement faite, il ne pourra la faire rescinder pour lésion de plus des sept-douzièmes (V. art. 1674, 1684, v. les observations du Tribunat sur l'art. 1684.) Ces deux propositions-là sont passablement contradictoires, mais elles découlent nécessairement des textes.

2° A partir de la majorité, la prescription relativement aux actes faits par le tuteur, s'accomplit-elle contre le mineur par dix ou par trente ans ?

Le premier de ces deux systèmes est consacré par la jurisprudence. C'est celui auquel je me range, me fondant principalement sur l'art. 1304, alinéa 1, et sur l'art. 475. En effet, 1° la disposition de l'art. 1304, alinéa 1, est générale ; 2° l'art. 475 veut que toute action du mineur contre son tuteur, relativement aux faits de la tutelle, se prescrive par dix ans à compter de la majorité. Supposons que le tuteur a vendu un des immeubles de son pupille, sans consulter le conseil de famille : si pendant trente ans, le mineur devenu majeur peut évincer l'acheteur, celui-ci, à partir de l'éviction, aura trente ans pour recourir contre le tuteur (V. art. 2257, 2262) : ce qui est une violation indirecte de l'art. 475. On a objecté que si le tuteur n'a pas mentionné cette vente irrégulière dans le compte de tutelle, le mineur n'en a pas eu connaissance, donc la présomption de confirmation devient invraisemblable, et d'autre part le dol du tuteur ne lui permet pas d'invoquer l'art. 475. Je crois, en effet, que s'il y a eu omission dans le compte de tutelle, soit dol ou négligence du tuteur, il ne peut invoquer l'art. 475 contre l'action en dommages-intérêts du mineur, et cette action durera trente ans à compter du jour où le dol ou l'erreur ont été découverts (V. art, 2262, 1304, al. 2). Mais je ne crois pas que, dans aucun cas, date de la majorité, le mineur puisse inquiéter l'acheteur. Sans doute la présomption de confirmation serait plus vraisemblable si le mineur avait vendu lui-même. Mais, supposons qu'une vente d'immeuble ait été consentie par le mineur Primus, dont le mineur Secundus est devenu l'héritier : nous avons vu que la prescription s'accomplit par dix ans à partir de la majorité. Supposez qu'un interdit ait souscrit une obligation dans un instant de déraison : si vous niez que l'action en nullité se prescrive par dix ans, à partir de la levée de l'interdiction, vous violez le 3e alinéa de l'art. 1304. Il n'y a pas de présomption qui ne contredise, quelquefois, dans l'application, la vérité qu'elle suppose. Puis nous avons vu que la prescription est suspendue pendant la minorité, et qu'elle peut l'être jusqu'à l'infini par l'effet de minorités successives : la stabilité des droits, la sécurité des transactions seraient en danger si la prescription se prolongeait un trop long temps.

Au reste, la Cour de cassation distingue si le tuteur a fait l'acte en sa qualité de tuteur ou en son nom personnel. S'il a vendu en son nom personnel, la vente doit être considérée comme vente de la chose d'autrui. Donc le mineur pourra agir en revendication pendant trente ans, date de sa majorité (arrêt du 14 nov. 1826). Cela est bien préjudiciable aux tiers, mais ce n'est pas seulement la Cour de cassation, ce sont aussi les principes qui veulent que l'on décide ainsi.

Troisième hypothèse : Actes faits par des tiers au nom du mineur, mais sans pouvoirs pour le représenter.

Exemple : Il y a eu vente de biens indivis entre majeurs et mineurs consentie par les majeurs seuls, hors la présence des mineurs ou de leur tuteur. Il y a alors vente de la chose d'autrui, et le mineur peut revendiquer pendant trente ans, à compter de sa majorité. Jugé en ce sens par la Cour de cassation, 8 déc. 1813.

Si le mineur ou le tuteur ont approuvé la vente faite par les majeurs, ce nonobstant la vente est nulle : mais en tant qu'irrégulière, non en qualité de vente de la chose d'autrui, et l'exercice de l'action en nullité est soumis à la prescription de l'art. 1304 (v. rej., 7 juill. 1851).

Si les dix ans expirés, le mineur n'a pas agi non plus que les créanciers, l'obligation est validée au préjudice du droit des tiers. Cela n'est guère controversé. En effet, l'inaction de ces tiers leur est imputable, s'ils ont eu connaissance de l'acte, et tandis qu'eux et leur débiteur restaient dans l'inaction, leur adversaire a possédé.

2° Jusqu'ici je n'ai parlé que des actions en nullité ou en rescision. Mais quelle est la durée de l'exception ? Est-elle éteinte en même temps que s'éteint l'action ? Est-elle perpétuelle ?

L'ordonnance de Villers-Cotterets (art. 134) disait expressément que les mineurs n'ont que dix ans pour opposer la nullité, soit en demandant, soit en défendant. Le Code n'a pas reproduit cette disposition, et laisse le champ libre à la controverse.

Soit que le mineur ait ou non exécuté, il a droit pendant les dix ans, date de sa majorité, d'agir en nullité ou en rescision. Mais s'il n'est pas dessaisi, même après dix ans, le mineur peut-il opposer la nullité ou la rescision ? Dans cette situation, l'inaction prolongée du mineur s'explique par l'oubli ou l'ignorance, selon que l'acte est émané de lui ou du tuteur, ou de son auteur ou d'un tiers, ou encore par l'idée qu'un procès est inutile puisqu'il est en possession.

Mais l'inaction du créancier est injustifiable, si l'on ne présume qu'il a entendu renoncer au droit de réclamer l'exécution du contrat : autrement, il y a eu de sa part incurie excessive ou intention frauduleuse.

Quand le mineur s'étant dessaisi est demeuré dix ans depuis sa majorité sans agir en nullité, on présume qu'il a renoncé au droit de l'invoquer. Est-il moins raisonnable de supposer que le créancier qui, dix ans et plus, n'a pas réclamé l'exécution du contrat, a abandonné une prétention dont il aura senti l'injustice ?

Les suppositions d'incurie et d'intention frauduleuses sont également admissibles : eh bien ! il n'est pas équitable que le créancier tire profit ou de sa faute ou de son dol.

Donc je crois que l'exception ne s'éteint qu'en même temps que s'éteint l'action.

Tout à l'heure, j'étais d'avis que la prescription contre l'action en nullité ou en rescision s'accomplit par dix ans, sans distinguer si l'acte a été fait par le tuteur ou par le mineur *Primus*, dont le mineur

Secundus tient la place, ou par *Secundus* lui-même. Cependant l'inaction du mineur peut s'expliquer par l'ignorance dans les deux premières hypothèses. Mais, 1° le créancier qui est en possession est plus favorable que celui qui n'y est pas, car, à moins que celui-ci ait entendu abandonner toute prétention, son inaction prolongée, je le répète, accuse une extrême négligence ou un calcul malhonnête ; 2° toutes les actions, tant réelles que personnelles, se prescrivent soit par trente ans, soit par un laps de temps plus court, l'on en sait les raisons ; tout à l'heure je donnais gain de cause au possesseur ; ici je fais de même : il n'y a pas contradiction.

Notre système avait paru si équitable aux jurisconsultes de l'ancien droit, que malgré l'ordonnance : *tant dure l'action*, *tant dure l'exception* était un axiôme vulgaire au palais, et l'ordonnance n'était nulle part exécutée.

Sous le Code, ce système a pour lui la plupart des auteurs et la jurisprudence.

Il a été consacré par les Codes sarde (V. art. 1395, 1407), vaudois (art. 969), hollandais (art. 1490). Le Code de la Louisiane dit que l'action est prescriptible (art. 1870), mais, de même que le Code Napoléon, il est muet sur la durée de l'exception.

De même que le mineur, pourront invoquer l'exception, à quelle qu'époque qu'ils soient poursuivis, ceux à qui le droit d'invoquer la nullité ou la rescision a été transporté par l'effet de la loi, de la convention ou de jugement.

J'observe, en terminant, que si le contrat est seulement rescindable pour lésion, l'ex-mincur fera bien d'agir et sans délai, car c'est à lui de prouver qu'il y a eu lésion, et plus on s'éloigne du temps où l'acte a été fait, plus cette preuve est difficile.

Arrivé à sa majorité, en général, l'homme a la jouissance et l'exercice de tous les droits civils. Seulement, tant que le compte de tutelle ne lui a pas été rendu, il est certains actes qui ne peuvent intervenir entre lui et son tuteur, à peine de nullité, mais cela n'est pas de mon sujet.

POSITIONS.

DROIT ROMAIN.

I. Le fils de famille ne peut renoncer au bénéfice de sénatus-consulte macédonien.

II. La femme ne peut renoncer au bénéfice du sénatus-consulte velléien.

III. Le fils de famille, mineur de vingt-cinq ans, qui a emprunté avec autorisation de son père, peut se faire restituer.

IV. La fille de famille est capable de s'obliger.

V. Le pupille qui contracte *sine auctoritate tutoris* est-il obligé naturellement? Il est douteux que son obligation lui fût opposable.

VI. Le mineur de vingt-cinq ans peut s'obliger sans l'assistance de son curateur.

DROIT CIVIL FRANÇAIS.

I. Le mineur ne peut reconnaître un enfant naturel.

II. Le tuteur peut exercer les actions possessoires.

III. Même après le partage, les majeurs pourront faire valoir, pour tout le temps qu'a duré l'indivision, la disposition des art. **709** et **710**.

IV. Une action en nullité est recevable au bout de trente ans à compter du jour où le contrat entaché de fraude a pris naissance, tant que le délai de dix ans date de la découverte du dol n'est pas encore expiré.

V. Une hypothèque ne peut être valablement consentie en vertu d'un mandat sous seing privé.

VI. Le nu-propriétaire n'est pas tenu aux grosses réparations.

VII. Il n'est pas nécessaire d'avoir possédé pendant un an pour être admis à exercer la réintégrande.

DROIT CRIMINEL FRANÇAIS.

I. Doit-on, pour la fixation de l'amende encou
ru pour délit habituel d'usure, faire entrer dans
le calcul les renouvellements du même prêt? Néga-
tive.

II. La restriction que l'art. 336 C. pén. apporte,
contre le mari coupable d'adultère, au droit de dé-
noncer l'adultère de sa femme, doit-elle, dans le
cas inverse, s'appliquer contre la femme au profit
du mari? Affirmative.

HISTOIRE DU DROIT.

I. Le principe de l'annalité de la possession est
d'origine germanique.

II. La puissance paternelle dans les pays de
coutumes correspondait au *mundium* des Germains.

III. Le droit de garde dérive du droit féodal.

DROIT DES GENS.

I. Les navires de commerce placés sous l'escorte d'un bâtiment de guerre ne sont pas soumis à la visite, en ce sens que la parole de l'officier commandant l'escorte remplit le double but de la visite.

II. La prise faite dans les eaux territoriales neutres par suite d'un combat commencé en pleine mer n'est pas valable.

*Vu par le **Président** de la thèse,*
E. BONNIER.

*Vu par le **Doyen** de la **Faculté**,*
C. A. PELLAT.

Pour le Vice-Recteur empêché :
L'Inspecteur d'Académie
BOUILLET.